배당투자,
나는 50에 은퇴했다

평생 월 1,000만 원씩 받아내는 '배당주' 입장권

배당투자,
나는 50에 은퇴했다

쭈압(정영주) 지음

체인지업
CHANGEUP

30년 후의 나에게
2만 원을 남겨준다면

삶은 선택의 연속이다. 출출한 오후, 배가 너무 고프다면 2만 원짜리 치킨을 한 마리 시켜 먹을 수도 있다. 아니면 저녁 시간이 얼마 남지 않았으니 치킨은 사 먹은 셈 치고 주식을 살 수도 있다. 마침 내가 산 주식은 연 배당률이 8%고 배당금도 매년 10%씩 늘어난다. 보통 주식투자를 하는 분들이 '고배당 주식'이라고 말하는 주식이다. 이제 이 2만 원짜리 주식은 내게 매년 배당을 줄 것이다. 8% 배당이니 1년에 1,600원, 12달로 나눠보면 매월 133원씩 배당이 나온다.

그렇게 배당금을 받으며 1년이 지나면 배당이 성장해 매월 146원씩 나오게 된다. 시간을 좀 더 빨리 돌려보자. 주식을 사고 10년이 흐르면 매월 345원, 20년 후에는 매월 896원,

만약 30년을 버텼다면 매월 2,326원을 받게 된다. 2만 원짜리 고배당 주식을 사두면 30년 후에는 연 배당이 27,919원이 되는 것이다. 그리고 이 주식으로 30년간 받은 배당의 총합은 291,109원에 달한다.

그러면 30년이 흘렀을 때 이 연 배당 27,919원이 나오는 주식의 가격은 얼마가 되었을까? 8% 배당률로 역산해보면 1주의 가격은 348,988원이 된다. 2만 원짜리 주식이 30년 후에는 17.45배나 성장하는 것이다. 만약 30년간 매년 받은 배당을 다시 또 이 주식을 매수하면서 재투자하였다면? 2만 원에 대한 8% 배당과 10%의 배당성장, 배당금 재투자가 이루어졌다면 대략 2,224,000원이 된다. 약 111배의 자산증식이 이루어진다는 계산이다.

예로 든 치킨뿐만 아니라 지인들과의 술자리 비용 5만 원을 주식에 투자할 수도 있다. 술자리 비용이 아니라 사교육비 대신 200만 원을, 해외여행 대신 300만 원을, 자동차 대신 4,000만 원을 투자할 수도 있다. 이렇게 우리의 인생에서 투자를 선택할 수 있는 순간은 많다.

물론 필요한 돈이라면 쓰자. 하지만 큰돈이 아니어도 좋다. '시드머니'가 없어서 투자를 못 한다든지 푼돈 아껴봤자 푼돈이라고 생각하며 투자를 외면하기보다는 담뱃값 5,000원이나 매주 사는 로또 10,000원어치 정도의 돈이라도 좋다. 투자해놓고 오랜 시간을 지켜보자.

이 책이 부디 지루하고 외로울 수 있는 장기투자의 긴 여정에 들어서려는, 또는 이미 들어선 모든 분을 위해 길을 잃지 않는 투자의 나침반 역할을 해줄 작은 안내서가 되었으면 좋겠다. 즐겁고 재미있는 배당주 장기투자 이야기가 출발한다. 당신의 위대한 투자를 위하여!

돈은 필요하지만
일하는 건 싫어

1999년도, 26살에 생애 첫 취직을 했다. 학생에서 사회인이 된 것이다. 목에 걸고 다니는 사원증도 나왔다. 뿌듯했다. 진짜 어른이 된 기분이었다. 그리고 월급도 나왔다. 54만 원의 첫 월급으로 시작해서 다음 해부터 80만 원 정도를 받았다.

하지만 고향과 가족을 떠나 타지에서 직장생활을 시작한 나에게는 턱없이 부족했다. 월세 15만 원을 내고 관리비와 식비, 통신료 등 기본적인 생활비만으로도 50만 원은 금방 사라졌다. 나름 공기업에 취직했는데 월급은 생활비로도 빠듯했다.

그래도 최대한 아끼면서 모은 돈으로 저축과 투자를 하며 그렇게 사회 초년생으로서 회사생활을 했다. 보통의 신입사원들이 그렇듯 시키지 않은 일도 나서서 하고 회사를 위해 뭐든지 열심히 하는 게 최선이라고 생각했다. 하지만 얼마 지나지 않아 알게 되었다. 나는 일하는 게 싫은 사람이었다.

출근도 하기 싫고 회식도 싫고 매일 반복되는 이유 모를 업무들이 다 싫었다. 일하기 싫었고 매일 놀고 싶었다. 하지만 놀기 위해서는 돈이 필요했고 결국 일을 해야 했다. 일하기 싫은데도 불구하고 말이다.

그러다 보니 회사에서 두각을 나타내기도 힘들었다. 게다가 개인의 성과를 계량하기 힘든 직장이었기 때문에 일찍 출근하고 늦게 퇴근하는 사람, 휴일에도 일하거나 윗사람들의 사생활까지 챙기는 사람들이 승진이나 근무 평가에 유리했다. 나는 그렇게 하지 못했고 어느 순간 회사는 즐겁지 못한 곳이 되었다. 마치 낙오자가 된 기분이었다.

하지만 이런 생활 중에도 꾸준히 투자하며 돈을 조금씩 불려 나갔다. 어느 순간부터는 전래동화에 나오는 불가사리처럼 자산이 늘어난다는 느낌도 들었다. 그렇게 차근차근 나만의 포트폴리오를 만들자 어느덧 월 1,000만 원 이상의 배당금이 나오게 되었고, 계산해보니 이제는 주식 배당금만 있으면 살 수 있겠다는 생각이 들었다. 숨만 쉬어도 돈이 나오고 정년까지 보장된 좋은 직장이었지만 인생의 남은 시간은 멋진 많은 일로 채우고 싶었다.

2023년 9월, 드디어 미련 없이 회사에 사표를 제출했다.

주식투자 덕분에 남은 모든 삶에서 일하지 않아도 되는 생활을 야심차게 시작했다. 앞으로 어떤 삶이 이어질지는 사실 잘 모르겠다. 그리고 솔직히 말해서 나는 투자를 잘 모른다. 매일 열심히 공부하지도 않았다. 심지어 보통의 개미투자자보다 투자실력이 낫다고 볼 수도 없는 지극히 평범한 투자자이다.

시대를 넘어 내려오는 수많은 전문가의 지혜도 중요하다. 하지만 나 같은 일반투자자의 시행착오와 투자 이야기도 누군가에게는 분명 도움이 될 것으로 생각했다. 그래서 그동안 유튜브 채널에 내 계좌와 보유 종목의 변화를 기록하고 숨김없이 공개했다.

의외로 많은 분이 좋아해 주셨고 여기에 힘입어 그동안 하지 못했던 이야기를 좀 더 꺼내 이렇게 책으로 다시 한번 엮었다. 조기 은퇴를 꿈꾸는 분들이나 파이어족을 목표로 하는 분들, 이미 은퇴하신 분들, 자신들의 투자 여정에 동행이 필요한 분들에게 나도 당당히 한 명의 동행자로 옆에 있었으면 좋겠다.

CONTENTS

프롤로그

PART 1
배당주 투자를 시작하기 전에

PART 2
배당주, 이것만은 알고 시작하자

PART 3
이제 좋은 배당주를 사 봅시다

PART 4
시장에서 살아남는 배당주 투자 전략

PART 5
배당투자의 마지막 큰 관문, 세금

PART 6
절세, 세(稅)플레이션에서 살아남기

PART 7
장기투자자 쭈압의 솔직담백한 모든 생각들

에필로그

PART
1

배당주 투자를
시작하기 전에

바로 배당주 이야기를 시작할 수도 있지만 우선 투자란 무엇인지 이해하는 것이 중요하다. 매우 쉽고 기본적이지만, 투자를 위해 생각해 볼 만한 몇 가지 상식과 아이디어를 말해보려고 한다. 이 이야기들은 지극히 평범한 한 명의 개미투자자가 25년간 투자를 이어오며 지금의 배당주 장기투자로 태어나면서 얻은 투자철학 전부라고 봐도 좋다.

물론 세상에는 다양한 투자 방법이 있고, 이 책을 읽는 각자의 경험과 투자 철학도 달라 완벽하게 동의하기는 힘들 것이다. 하지만 다른 투자자의 생각과 각자의 생각을 비교하는 것도 투자의 길을 찾는 과정이라 생각한다.

인생은 ＿＿＿ 과(와)의
싸움이다.

사람은 항상 무언가와 싸워야 하고, 매일 해결해야 하는 일들이 생겨난다. 나 같이 놀고먹는 백수에게조차 반드시 해야 할 일이 있다. 당신은 무엇들과 싸우며 살아왔는가? 누군가는 입시를 위해 학업성적으로 다른 입시생들과 싸우고 누군가는 직장 동기와 업무실적으로 싸우고 누군가는 팀장과 의견이 안 맞아 싸우고 또 누군가는 자기 자신과 싸우고 누군가는 돈과 싸운다. 다 맞는 답이다. 나도 그렇게 싸워왔다. 가뜩이나 이렇게 싸울 것들이 많은데 최근에는 또 인공지능의 비약적 발전으로 인해 수많은 분야에서 AI와도 치열하게 싸워야 하는 세상이다.

위 질문에 대한 내 생각은 바로 '인플레이션'이다. 그동안 급여를 올리기 위해 열심히 일하고 자산을 늘리기 위해 열심히 투자했지만, 뒤에서는 계속 인플레이션이 쫓아왔다. 24년간 월급은 5배 정도 올랐는데 24년 전 1,000원 하던 김밥은 지금 5,000원이 되었다. 인플레이션은

내 노동의 가격도 올려주었지만 내가 모은 돈의 가치를 1/5로 줄여버린 것이다.

예전에는 설날에 아이들에게 돼지저금통을 선물하는 가정이 많았다. 아이들은 오랜 시간 용돈을 아끼며 커다란 돼지저금통에 차곡차곡 동전과 지폐를 모으고, 돼지가 가득 차서 배를 가를 때면 온 가족이 함께 얼마나 모았는지 계산했다. 모인 돈에 기뻐하고 아이의 저축을 칭찬한다. 하지만 이렇게 끝내면 안 된다. 이 돼지저금통을 이용해 인플레이션으로 줄어버린 화폐의 가치와 구매력까지 알려줘야 올바른 경제 교육일 것이다.

디플레이션 시기에는 단순히 돼지저금통이나 금고에 현금만 모아도 부자가 될 수 있다. 하지만 실제 디플레이션 상황은 그렇게 쉽게 오지 않는다. 정부는 언제나 경제가 완만한 인플레이션으로 흘러가기를 원하며, 실제로 선진국 대부분은 물가상승률 목표치를 2% 정도로 잡고 경제정책을 운용한다. 정부도 인플레이션을 통해 부채 감소 효과를 얻을 수 있다.

이런 흐름에 발맞춰 개인인 우리도 인플레이션 시기에는 현금 보유를 최소화하고 실물자산을 갖고 있어야 한다. 물론 실물자산도 안전하지만은 않다. 가지고 있는 동안 자산 가격이 변동하며 손실이 발생할 수도 있다. 하지만 인플레이션이 계속되는 한 장기적으로 물건 가격은 오르게 되어있다.

경제를 잘 모르는 사람이라도 본능적으로 인플레이션에 따른 가격 변동은 무엇인지 안다. 같은 일을 해도 작년보다 올해 급여가 더 오르는 게 당연하다는 생각, 가격 인상이 예고되면 미리 명품 가방을 사러

백화점으로 달려가는 '샤넬런', 담배가격 인상 전 편의점을 돌며 담배를 사재기하는 행위 등을 생각해보면 이해될 것이다.

투자자로서 인플레이션 시기에는 현물을, 디플레이션 시기에는 현금을 보유하고, 인플레이션 시기 한정으로 물가상승률보다 낮은 이율의 대출은 결코 나쁘지 않은 투자 방법이라는 것 정도만 알면 충분하다. 실제 부동산 투자에서 갭투자로 자산을 늘리는 방법의 기본 전제는 인플레이션이다.

둘 중 뭐가 더 좋을까요?

 매달 500만 원 받기

 한 번에 10억 원 받기

위는 인터넷에서 흔하게 볼 수 있는 '밸런스 게임'이다. 당신은 어떤 것을 선택하겠는가?

둘 중 뭐가 더 좋을까요? (3.3만 명 투표)

 매달 500만 원 받기 **36%**

 한 번에 10억 원 받기 **64%**

3.3만 명이 투표한 결과는 놀라웠다. 응답자의 36%인 11,880명이 매달 일정 금액을 받는 것을 고른 것이다. 그들에게는 몇 가지 공통적인 이유가 있었다. '확정적으로 꾸준히 돈이 나오는 것이 더 좋다.', '10억 원을 받으면 자칫 다 날려버릴 수 있다.', '10억 원을 은행에 넣어놓으면 매달 300만 원 정도 나오니 500만 원을 받는 게 더 유리한 선택이다.' 등등이 그 이유였다.

하지만 인플레이션을 생각하면 매달의 500만 원보다 한 번에 10억 원을 받아 앞에서 설명한 '치킨 재테크'처럼 자산을 불리는 것이 훨씬 낫지 않을까? 만약 나라면 수명이라는 변수를 고려해도, 또 10억 원이 아니라 5억 원을 준다고 해도 일시금을 선택할 것이다.

투자 이야기_인플레이션

인플레이션을 가장 잘 이해하고 재산을 늘린 인물로 독일의 후고 스티네스 (Hugo Stinnes)라는 사람을 꼽을 수 있다. 그는 1차대전 이후 1920년대 독일의 하이퍼인플레이션 상황에서 은행 대출과 기업이라는 현물을 계속 교환하며 7,000여 개의 기업과 공장을 공짜로 얻었다. 이런 식으로 불린 그의 자산 가치는 독일 경제 전체의 합보다 높았다고 한다.

투자자의 눈을 가리는
관성과 평균회귀

2007년 연예인 탁재훈은 예능 방송에서의 맹활약을 통해 이견 없이 당당히 KBS 연예대상을 받았다. 방송에서 친한 동료 연예인들이 그에게 '나도 연예 대상을 받고 보니 이상하게 다음 연도부터는 일이 잘 안 풀리더라'고 말하는 것을 보았다. 농담처럼 말한 것이었지만 이후 거짓말처럼 탁재훈의 인기는 줄어들었다. 진짜 '연예 대상의 저주'라는 게 있는 것 같았다.

이런 예는 너무나 많다. 예를 들어 신인상을 받으면 다음 해 활동이 뜸해진다는 '신인상의 저주', 천만 영화로 흥행에 성공한 감독이 모두의 기대가 큰 다음 작품에서는 어이없이 흥행에 실패하는 경우, 그리고 유명 스포츠 잡지에 표지모델로 실린 선수나 팀이 다음 시즌에 나쁜 성적을 거두는 '스포츠 일러스트레이티드 징크스'도 있다.

예를 하나 더 알아보자. 이스라엘의 공군사관학교에 있었던 일이다.

훈련 결과에 따라 좋은 점수를 받은 생도를 칭찬하면 다음번에는 성과가 나빠졌다. 하지만 성과가 나쁜 생도를 엄하게 혼내면 다음에는 훨씬 더 잘한다는 것을 발견했다. 그렇다면 과연 포상보다 처벌이 더 효과적일까?

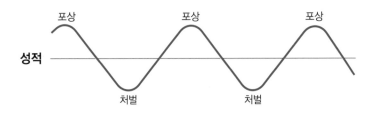

아쉽지만 훈련의 성과는 단지 변동성의 반영일 뿐이다. 포상이나 처벌이 없어도 그 결과는 위의 그래프와 크게 다르지 않다. 변동성은 다시 평균으로 회귀하게 된다. 약을 먹어서 감기가 치료된 게 아니라 단지 항상성이 유지된 것일 수도 있다.

주식시장에도 평균회귀는 적용된다. 사람들은 주가가 오른 것을 어떠한 작은 뉴스 한두 개로 해석하는 경우가 많다. 하지만 사실은 단지 변동성에 불과할 수 있다. 다시 또 평균으로 회귀할 것이다. 가치보다 가격이 오른 주식은 다시 떨어질 것이고 가치보다 낮은 가격의 주식은 다시 오를 것이다.

매년 인덱스를 이기는 훌륭한 성과의 자산운용사나 펀드매니저가 등장한다. 하지만 장기적으로 보면 결국 평균회귀를 하는 경우가 대부분이다. 일시적으로는 이긴 것처럼 보여도 꾸준히 시장을 이기는 것은 불가능에 가깝다. 실력이 좋은 투자의 천재들도 단지 운이 좋았을 뿐인 평범한 사람일 확률이 높다.

1억 원을 1년 만에 10억 원으로 불린 사람이 다음 해에도 1,000%의 수익률을 보여줄 수 있을까? 단지 이 사람은 위험한 투자에서 운 좋게 10배로 불렸을 가능성이 크다. 그리고 위 사례에서 급격한 부침을 겪은 탁재훈은 2023년 SBS 연예대상을 받으며 부활에 성공하기까지 무려 16년이라는 시간이 필요했다.

평균회귀와 상대적인 관성의 법칙도 있다. 관성의 법칙은 자연과학에 적용되는 법칙이지만 인문·사회·과학·경제 분야에도 존재한다. 술을 한 번 먹으면 계속 술자리가 생긴다거나 돈이 한 번 불어나면 이후에는 눈덩이처럼 불어나는 등 관성으로 이해할 수 있는 개념들이 많다. 주식투자에서 차티스트들이 기술적 분석으로 매매 타이밍을 잡는 것도 관성을 이용해 가격의 변화를 예측한 것으로 볼 수 있다.

내가 평균회귀와 관성의 법칙을 말하는 가장 큰 이유는 바로 투자의 습관 때문이다. 우리가 투자할 때는 이런 사소한 습관과 관성, 평균회귀의 함정을 의식적으로 피해야 한다. 투자 초기에는 기술주나 고변동성주 등으로 우선 목돈을 만들고 배당투자로 갈아타라고 말하는 분들이 있다. 하지만 주식투자를 처음 시작했을 때 몸에 밴 투자 습관은 시간이 지날수록 쉽게 바뀌지 않는다. 소액으로 시작하는 투자 초기부터 배당주 투자를 권하는 이유 중 하나가 바로 이 습관의 관성이나.

중국집과 분식집, 두 곳의 식당을 창업했다고 생각해보자. 1년 동안 운영해보니 중국집은 영업이익이 잘 나오는데 분식집은 아무리 해도 계속 적자였다. 보통은 잘 되는 중국집을 팔아서 그 돈으로 분식집에 더 투자하지는 않을 것이다.

이제 주식에 빗대어 생각해보자. 당신의 주식계좌에 플러스 상태인 종목과 마이너스인 종목이 있다면 어떻게 할 것인가? 위에서 말한 것과 다르게 많은 분이 수익을 내는 종목을 팔아 그 돈으로 마이너스 종목에 물을 탄다. 좋은 비즈니스인 중국집을 팔아서 적자가 나는 분식집에 투자하는 셈이다. 꽃을 꺾고 잡초에 물을 준다고 표현할 수도 있다.

주가의 등락이나 내가 매매한 가격을 기준으로 삼고 손익을 이유로 매매를 결정해선 안 된다. 손익은 단지 내가 매매한 가격일 뿐이다. 나는 예전에 삼성전자가 70만 원일 때 가진 돈 전부를 투자해 평단가 72만 원으로 수익을 실현한 기억이 있다. 세금을 제외하고도 2% 이상 수익이 나왔다. 성공적인 투자였다. 1년 이자를 한 달 만에 벌었다. 하지만 이후 내 머릿속에는 삼성전자는 70만 원이라는 기준점이 남아버렸다. 만약 당신이 20년 전 삼성전자를 매매했다면 50만 원이란 기준점이 생겼을 것이고, 25년 전에 매매했다면 8만 원으로 기억할 것이다.

매매의 기준은 오로지 객관적 정보를 통해 현재 가격이 싼지 비싼지 판단해야 한다. 주식시장은 언제나 평균회귀와 관성의 조화 속에서 인플레이션을 기반으로 변동한다. 현재 삼성전자의 주가는 15년 전 내가 팔았던 가격에 비해 매년 배당을 주면서도 5배 이상 상승했다.

쌀 때 사서 비쌀 때 팔면
안 되는 이유

저가 매수 고가 매도, 모든 투자자의 목표이자 꿈이다. 쌀 때 사서 비싸게 팔면 얼마나 좋겠나? 좀 더 정확하게 말해보자면 내가 사자마자 오르고 팔자마자 떨어지는 것처럼 신나는 일은 없다.

하지만 주식시장에서 매매는 그 주식을 사는 사람과 파는 사람이 있어야 성사된다. 매매 후 주가의 변동에 따라 둘 중 한 명은 반드시 손해를 보는 것이다. 바꿔말하면 보통은 좋은 가격이라고 생각하고 매매해도 그중 반 정도는 틀릴 수 있다.

만약 당신이 실력과 운 모두를 가진 트레이더라고 생각해보자. 꽤 여러 번 주식을 저점에 매수하고 고점에 매도해 성공적인 커리어를 이어나갔다. 이런 식의 트레이딩에 능한 당신은 과연 대세 상승기에 어떤 매매를 했을까?

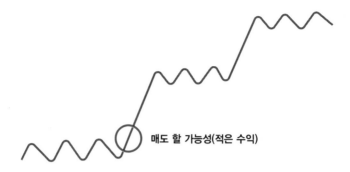

매도 할 가능성(적은 수익)

위 그림과 같은 대세 상승기가 오면 저가 매수에 성공한 주식을 대세 상승 초입에 매도했을 가능성이 크다. 비록 수익을 올렸더라도 큰 수익은 놓친 것이며, 이는 머릿속에 앵커로 남아 꾸준히 당신의 투자 결정을 흐트러트릴 것이다. 게다가 저가 매수 고가 매도에 능하지 못한 대부분의 평범한 투자자들 또한 대세 상승 초기에 익절했을 가능성이 크다. 이것이 단기투자가 아닌 장기투자를 권하는 이유 중 하나이다. 그럼 대세 하락기에는 어떨까?

매수 할 가능성(큰 손실)

저가 매수와 고가 매도를 반복하다 대세 하락 초입에 저가라는 이유로 매수를 하고 하락 손실을 온전히 얻어맞을 것이다. 장기적으로 봤을 때 싸게 사서 비싸게 파는 행위는 꾸준히 수익률을 제한하고 손실은 극대화한다. 단타나 스윙, 모멘텀 투자에 자신이 있고 결과도 나쁘지 않은 투자자들이 단순히 지수 인덱스 장기투자자를 따라가지 못하는 큰 이유이다. 게다가 잦은 매매로 누적되는 세금과 수수료 문제도 생각해봐야 한다. 보통 대부분 주식시장은 아래와 같이 움직인다. 시장의 단기 흐름을 맞추는 것은 불가능에 가깝다.

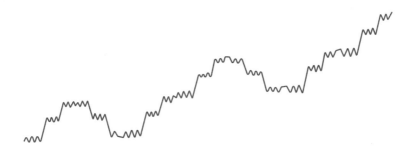

다시 한번 말하지만, 매매 결정은 오로지 객관적 정보를 통해 현재의 가격이 싼지 비싼지 판단하고 이뤄져야 한다. 주식시장은 평균회귀와 관성의 조화 속에서 인플레이션을 기반으로 끊임없이 바뀐다. 또 시장 참여자들의 움직임이나 국가의 정책, 기후나 산업환경의 번화 등 수많은 외생변수도 고려해야 한다.

만약 자신이 이런 복잡한 시장에서 올바르게 가치판단을 할 수 없다면 장기투자를 해야 한다. 나는 돈이 있을 때 사서 돈이 필요할 때 파는 게 현실적으로 옳다고 생각한다. 시장을 예측하며 수익을 극대화하기 위한 그동안의 내 단기매매의 성적표는 결국 장기투자보다 못했다.

누적된 경험의
배신

우리는 본능적으로 과거의 경험에서 답을 찾는다. 만에 하나라도 오류를 줄이기 위해 수많은 데이터를 이용, 최대한 옳은 결론을 찾으려는 것이다. 하지만 신뢰도와 설득력은 높아질지언정 경험에 기반을 둔 결론이 옳다고 볼 수는 없다. 이는 부동산 불패론처럼 결국 과거의 데이터와 학습효과를 기반으로 한 귀납적 사고에 따른 결과에 불과하다. 영화나 드라마에 나오는 흔한 이야기처럼 항상 나에게 잘해줬던 사람도 어느 날 배신을 할 수 있는 법이다.

주식도 마찬가지다. '애플'사의 주식이 십수 년간 계속 올랐으니까 앞으로도 계속 오를 것이라고 단정하지 않는 것이 좋다. 스티브 잡스와 아이폰의 성공 신화에서 잠시 벗어나 보자. 애플도 과거에 많이 실패했다. 디지털카메라부터 게임기, 프로젝터까지. 심지어 '뉴턴'이라는 아이폰의 전신도 크게 망했다.

만약 당신이 이렇게 애플의 신제품들이 망하는 것을 봐 왔다면 '아이폰 출시'라는 정보를 미리 알았어도 애플은 좋은 기업이 아니란 결론을 내렸을 수도 있다. 나도 이런 귀납법적 사고로 인해 아이폰과 앱스토어로 이어지는 애플의 큰 성공을 늦게서야 이해했다. 이 또한 언젠가는 평균회귀로 돌아갈지도 모르겠지만 지금은 관성의 힘이 더 큰 것 같다.

투자 카페 등을 보면 본인의 투자방식과 의견 등을 말하는 사람들이 많다. 그리고 많은 분이 '저는 공부를 많이 한 십수 년 경력의 주식투자자입니다'라는 서두로 시작한다. 하지만 위에서 설명한 것처럼 사실 경험은 그다지 좋은 분석 도구가 아니다. 언제든 블랙스완이 나타날 수 있기 때문이다.

최근의 미국 주식 열풍을 보면 전문가들조차 미국 주식은 계속 올랐으니 투자를 권하고, 국내 증시는 계속 오르지 않았으니 앞으로도 그럴 확률이 높다고 투자를 만류한다. 하지만 믿는 도끼에 발등 찍히는 법이다. 과거의 데이터로 '백테스팅'을 해서 검증된 아무리 훌륭한 전략이라고 해도 언제든 오류가 날 수 있다.

결국, 주식시장은 경험 많고 지식이 높은 순으로 수익을 내는 곳이 아니라는 것을 명심하자. 이것에 관한 대표적인 사례를 알아보자. 만약 노벨경제학상 수상자가 당신의 돈을 운용해준다면 돈을 맡길 것인가? 아마도 1997년의 당신은 바로 통장을 들고 뛰어갔을 것이다. 바로 1997년에 노벨경제학상을 수상한 '마이런 새뮤얼 숄즈(Myron Samuel Scholes)'와 '롱 텀 캐피탈 매니지먼트', 약칭으로 LTCM라는 투자전문회사의 이야기다.

게다가 이 회사는 단순한 학자들의 모임도 아니었다. 1994년에 창립해 3년 만에 30배가 넘는 수익률을 기록하며 월스트리트에서 가장 많은 자산을 운용하는 펀드였다. 그러나 1998년, '동남아시아발 경제위기'와 '러시아 모라토리엄'이라는 계산 밖의 악재가 들이닥치자 LTCM은 레버리지 관리에 실패하며 파산하게 된다. 가장 뛰어난 지성의 뼈아픈 실패였다. 자신감 넘치는 전문가도 투자에 실패하는 것은 초보들과 크게 다르지 않다.

키워드_블랙스완

블랙스완: '예상하지 못한 리스크'라는 뜻의 경제 용어. 기존의 관찰과 경험에 의존한 예측이 통하지 않는 극단적 상황을 일컫는다.

투자에
'골든타임'은 없다

투자에 '골든타임'은 없다. 바나나와 원숭이 이야기로 이 내용을 알아보자. 바나나가 풍성하게 열린 나무 아래 원숭이들과 시소가 놓여있다. 바나나를 먹기 위해 끊임없이 노력해도 원숭이들의 손은 닿지 않는다. 다들 어찌할 줄 모르는 그때 위험을 무릅쓰고 한 마리의 원숭이가 시소를 오른다.

나머지 원숭이들은 첫 원숭이가 바나나를 맛있게 먹는 모습을 보고 그의 뒤를 따르고, 점점 많은 원숭이가 바나나를 먹기 위해 시소를 타고 올라간다. 그렇게 과반수의 원숭이가 움직이면 시소는 균형을 잃고, 끝까지 안 가고 남아있던 원숭이가 반사이익을 누릴 것이다.

이 원숭이들처럼 주식시장에는 위험을 감수하고 나서는 '퍼스트무버'가 있고 우르르 몰려다니는 '패스트팔로워'도 있다. 간혹 끝까지 자리를 지키는 스타일도 있다. 하지만 이 이야기에서 어느 원숭이가 가장 큰 손해를 입었는지를 생각해보자. 처음 용기를 낸 원숭이는 그 대가를 어느 정도 챙길 수 있었다. 그 원숭이를 빠르게 따른 소수도 손해는 아닐 것이다. 그러나 군중심리에 휘둘린 다수의 중간 참여자는 바나나를 만져보지도 못한 채 고꾸라지게 된다.

마찬가지로 주식시장에는 오르는 주식들을 추격매수 했다가 손실을 보는 투자자들이 많다. 좋은 가격에 매수를 못 했다면 차라리 끝까지 안 사는 게 낫다. 오르는 순간에는 끝없이 오를 것 같지만 가치가 오르지 않는다면 결국 가격은 하락할 가능성이 크기 때문이다.

물론, 시장은 끊임없이 매수자를 찾아 헤맨다. 주식 방송과 유튜브, 신문 기사 속 전문가와 분석 리포트는 우리를 유혹한다. 다양한 이유로 저평가된 주식을 찾았다고 말하고 기회를 잡으라고 말한다.

하지만 이 분석이 광고는 아닐지 생각할 필요가 있다. 딱 맞아떨어지는 분야는 아니지만 경영학과 마케팅 쪽의 '로저의 적응/혁신 커브'라는 이론을 알 필요가 있다. 한 번쯤 들어봤을 '얼리어답터'라는 개념을 만든 이론이며 소비자의 소비성향을 5단계로 분류했다. 이 내용을 알면 시장의 유혹을 더 쉽게 이해할 수 있다.

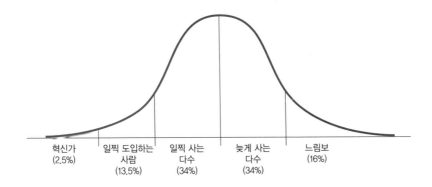

혁신가 (2.5%) | 일찍 도입하는 사람 (13.5%) | 일찍 사는 다수 (34%) | 늦게 사는 다수 (34%) | 느림보 (16%)

이 이론은 신제품을 가장 먼저 구매하는 2.5%를 혁신가, 상위 15%까지는 일찍 도입하는 사람, 50%까지는 일찍 사는 다수, 84%까지는 늦게 사는 다수, 최하위 16%는 느림보로 분류하고 있다. 그리고 물품 판매량이 이 수치에 다다를 때마다 홍보전략을 다르게 가져가라고 말한다.

가장 먼저 물건을 사는 혁신가와 일찍 도입하는 사람들에게는 홍보할 필요가 없거나 적다. 하지만 늦게 사는 사람들에게 팔려면 시장에 더 많이 홍보해야 한다. 그리고 어쩌면 우리가 본 방송과 분석은 50%의 이하의 늦게 구매하는 사람을 시장으로 끌어들이기 위한 것일지도 모른다.

그렇다고 위험을 감수하는 리더가 항상 바나나를 먹는 것도 아니다. 새로운 분야에 가장 먼저 뛰어들었다가 실패한 사례도 수없이 많다. 특별한 혜안이 없는 나 같은 일반인들은 리더를 따라 우르르 몰려다닐 공산이 크다. 자영업을 한다면 탕후루나 대만 카스텔라, 과일주스, 밀키트, 벌꿀 아이스크림, 흑당, 육회 등등 엄청난 돌풍을 일으키다가 갑자기 사라진 아이템들을 했을 수도 있다. 하지만 이렇게 유망하다고 생각한 '주도주'도 시간이 지나고 보면 단지 반짝 유행한 '테마주'인 경우가 많다. 항상 시장에는 유행이 생겨난다. 전기차부터 초전도체, 백신, AI, 저PBR 등등 1년만 돌아봐도 무수히 많은 테마가 있었다.

반대로 끝까지 남아있는 인내도 언제나 옳은 것은 아니다. 대부분의 상장폐지 종목에는 끝까지 보유하면서 물타기를 하다가 함께 무너진 주주들이 있다. 회사생활이 힘들면 더 좋은 곳으로 옮기는 게 좋고 내가 가진 종목이 불타는 보트라면 빠르게 다른 배로 갈아타야 한다.

또 정답을 찾아도 다수가 인정해주지 않으면 틀리는 것이 바로 주식시장이다. 설령 내가 끝까지 시소 반대편에 있더라도 다른 원숭이들이 돌아오지 않는다면 바나나를 먹을 수 없다. 가격이 오르는 좋은 주식이란 결국은 팔려는 사람보다 사려는 사람이 넘쳐나는 종목이다.

이런 관점에서 보면 사실 주식시장에서는 우르르 몰려다니는 원숭이들이 가장 현명한 행동을 하는 것일지도 모르겠다. 가치투자를 부르짖으며 소외된 주식을 오래 가지고 있기 힘든 이유기도 하다. 이렇게 유연한 판단과 행동이 필요한 주식시장은 항상 주식투자자들의 머리를 아프게 한다. 내가 시장에서 어떤 포지션에 놓여있는지도 항상 생각해야하기 때문이다. 확증편향은 언제나 투자자의 판단을 흐린다.

배당투자가 즐거워지는
멘탈 관리 Tip!

많은 분께 꾸준히 듣는 질문이 있다. 바로 '주가가 폭락하면 어떻게 멘탈을 관리하시나요?'라는 질문이다. 각자 자신만의 방법이 있을 테고 진짜 정신적으로 강한 분들도 있을 것이다. 하지만 나는 기본적으로 멘탈이 강한 사람이 아니다. 오히려 툭 치면 바사삭 부서지는 '쿠크다스'에 가깝다고 생각한다. 사람에게 상처도 잘 받고 희로애락도 잘 느끼는 감정적인 사람이다. 그런 사람이 투자해서 내 돈 몇천만 원이 줄어드는 걸 보고 아무렇지 않을 리 없다. 아직도 어떤 종목을 보면 '왜 샀을까?'라고 하거나 '왜 팔았을까?'라고 떠올린다.

대부분의 매매는 후회의 연속이다. 다만 투자 초기부터 꾸준히 쌓아온 수익으로 인해 어지간한 하락이 나와도 투자금 대비 손실은 크지 않아 손실에 무덤덤해졌을 뿐이다. 이 부분이 투자 초기에 만든 습관의 중요성 중 하나라고 생각한다. 좋은 습관으로 투자하면서 수익을 불리다 보면 자연스럽게 멘탈도 단련된다. 자산을 불리기 위해 노력하는 것과 동시에 이 부분도 신경 쓰는 게 좋다. 투자가 길어지면서 사람마다 다룰 수 있는 돈의 크기, 돈 그릇도 달라지게 마련이다.

투자한 기업에 따라 생활 속에서 즐거움을 더하는 방법도 있다. 꽉 막힌 고속도로에 갇혀 있다고 생각해보자. 보통은 짜증이 날 테지만 만약 고속도로의 통행료를 받는 '맥쿼리인프라'의 주주라면 도로 위의 수많은 차가 고객으로 보이며 기분이 좋아질 것이다.

내 경우 귀갓길에 집 앞의 상가를 지나야 했는데 흡연하는 분들이 꽁초를 아무렇게나 버린 것을 보며 눈살을 찌푸릴 때가 많았다. 아무래도 상가에 술집이 많다 보니 타지에서 온 손님들이 버리는 꽁초의 양이 적지 않았다. 하지만 'KT&G'의 주식을 나름 많이 매수하니 길에 쌓인 꽁초들을 봐도 과히 기분 나쁘지 않았다. 심지어 담배 피우는 사람들을 봐도 아무렇지 않았다. 오히려 장사가 잘된다는 생각에 뿌듯(?)할 지경이었다. 심지어 KT&G 주주 게시판에서 실내 흡연을 할 수 있도록 법을 개정해야 한다는 우스운 글을 보고 웃기도 했다.

생활비를 아낀다는 감각으로 배당주들을 종류별로 모으는 것도 좋다. KT&G의 주식을 2,000만 원 보유하면 평생 담배가 공짜, 'S-oil우'나 'GS우'를 2,000만 원 사놓으면 평생 자동차 주유 공짜, 'CJ제일제당우'에 2,000만 원을 투자하면 평생 햇반과 비비고가 공짜, 'SK텔레콤'이나 'KT'에 2,000만 원을 투자하면 평생 전화 요금이 공짜라고 생각하면서 배당주를 모으다 보니 투자두 즐거웠고 오래 들고 있기도 쉬웠다. 투자를 생활에서 분리하지 말고 삶에 가깝게 유지하다 보면 좀 더 재밌는 배당투자가 가능하다고 생각한다.

PART
2

배당주, 이것만은
알고 시작하자

이 책은 결국 배당주에 관심 있는 분들이 집어들 것이다. 그리고 이렇게 자신이 투자할 방향을 정했다는 것만으로 반쯤은 재테크에 성공했다고 말하고 싶다. 누구나 자신만의 방식을 정하기 전까지 다양한 방식을 시도한다. 나 역시 마찬가지다. 언론에 나오는 유명한 펀드부터 인덱스 ETF, 금이나 은, 달러 투자까지 많은 곳에서 잦은 매매를 했다. 하지만 그 결과는 코스피지수 추종보다 훨씬 못한 수익률이었다. 책을 잡은 여러분은 시간과 돈을 아꼈으니 적어도 나보다 빠른 성장을 할 수 있다고 믿는다.

시간과
장기투자의 가치

　우리가 주식투자를 하는 이유는 당연히 수익을 올리기 위해서다. 초보 투자자들은 시간을 들여 노력하고 공부하면 투자수익률이 높아지리라 믿는다. 하지만 실제로 투자해보면 '반드시'라는 것은 없다. 내 공부가 틀렸다면 손해를 볼 확률은 높아질 테고, 공부의 방향이 옳아도 다른 특수한 요인 때문에 손실을 볼 수도 있다. 건강해지려고 운동을 해도 노력과 상관없이 핵폭탄이 터지면 죽는 것처럼, 좋은 주식도 언제든 손실을 볼 수 있는 것이 주식시장이니까 말이다.

　책의 서두부터 꾸준히 투자하기 전 생각할 것들을 말하는 이유도 공부의 한계에 대한 내 생각에 설득력을 더하기 위해서다. 장기투자자에게는 큰 시간의 흐름 속 '9·11사태'나 '코로나19 팬데믹'이 와도 그 순간에만 대단해 보일 뿐, 결국 시간이 흐르면 시장에는 별 영향이 없었다.

결국, 나는 공부의 한계를 느끼고 시간 손실을 최소화할 투자 방법을 고심하다 지수와 상관관계가 큰 인덱스형 장기투자로 결론을 내렸다. 그리고 그 결론에 배당을 더해 배당주 장기투자를 하게 된 것이다.

중요한 것은 노력이 아니라 수익률이다. 단기투자자들은 자신이 어떤 행동이나 노력을 해야 한다는 불안감에 오늘도 내일도 주식을 사고판다. 하지만 정작 오래 보유하고만 있어도 적극적 투자에 비해 수익률이 높을 때가 많다. 매일 아침 9시 전에 일어나 수많은 종목의 뉴스와 가격을 체크하고 습관처럼 매매하면 안 된다. 설사 수익이 나더라도 시간의 가치를 생각해보면 이 수익이 과연 진짜 수익이 맞는지 생각해봐야 한다. 축적된 시간의 가격은 여러분의 생각보다 매우 비싸다. 장기투자자의 마인드셋과 시간의 가치를 다음 사례로 알아보자.

115층에 사람 있어요

장기투자자가 어떤 마음으로 투자하는지를 알고 싶다면 조난영화를 생각해보자. 이런 영화는 다양한 군상이 생존을 위한 선택을 내리는 것이 주요 내용이다. 만약 나라면 안전한 벙커 같은 곳에서 구조요청을 하며 끝까지 버틸 것이다. 극한 상황에서 굳이 잘 모르는 다른 장소를 찾아가는 것은 위험하지 않을까? 그리고 현실에서도 실제 조난자는 한 곳에서 구조대를 기다리는 것이 구조 확률이 더 높다.

주식투자의 경우를 생각해보자. 주식을 사면 태반은 주가가 하락한다. 아무리 싸다고 판단하고 매수해도 하락을 다 피할 수는 없다. 이런 상황 속 나 같은 배당투자자에겐 배당이 생존 물품이다. 단지 신념과 기대감 등으로 올지 안 올지 모르는 구조대를 기다릴 수는 없다. 아무리 가치투자를 하더라도 주식을 사고 장기간 아니면 평생 주가가 하락해서 오르지 않는 경우도 생각해야 했다. 배당만 꾸준히 나온다면 혹시 영원히 구조대가 오지 않아도 괜찮을 것 같다는 생각이 들었다. 배당주라면 죽지는 않는 투자라고 판단했다. 배당투자 네버다이!

재밌는 점은 실제 배당투자자는 구조대가 와도 그만, 안 와도 그만이라는 점이다. 점점 배당이 풍족해지면 세상 스트레스 없이 팔자 좋은 투자자로 살 수 있다. 주가 폭락을 겪은 배당주 장기투자자의 마음은 어떨까? '네이버페이 증권'이 제공하는 '기업은행'의 종목 게시판에 있는 어떤 분의 모습이다. 내가 투자하고 있다고 상상하며 이분의 글을 시간순으로 따라가 보자.

2022년 7월 14일, 주가 : 9,030원

기업은행 안망함	조회 320 ㅣ 공감 5 ㅣ 비공감 0 ㅣ 🖒신고
q135**** 211.35.***.21 ㅣ 작성자글 더보기 >	2022.07.14 12:39
내가 망함	

출처: 네이버페이 증권

이 시진으로 알 수는 없지만, 뒤의 글들을 보면 이 딩시 평단가 11,500원에 30,000주를 보유하고 있었다. 2022년 7월 14일 시점의 기업은행 주가가 9,030원이었으니 대략 -21%, 74,100,000원의 손실을 본 것이다. 당시 기업은행의 실적은 좋았으나 주가는 오르지 않았고, 배당수익률은 9.77% 상태였다.

2022년 10월 19일, 주가 : 10,350원

차등배당 반드시 해라	조회 505 │ 공감 5 │ 비공감 0 │ 🚫신고
q135**** 110.70.***.1 │ 작성자글 더보기 >	2022.10.19 06:05

그게 유증 얻어맞은
주주들에 대한 최소한의 매너다.
작년엔 참았지만
올해는 형 진자 삐진다.

출처: 네이버페이 증권

2020년 기업은행은 4회에 걸쳐 코로나 소상공인 대출을 지원한다는 명목으로 1조2,000억 원 정도의 대규모 유상증자를 시행했고, 이 금액은 기업은행 시가총액의 20%에 달했다. 덕분에 주가와 주주가치 하락으로 주주들은 큰 피해를 보았다. 그리고 그동안 실시했던 소액주주들에 대한 차등배당도 없어졌다.

자연스럽게 기업은행의 신뢰도는 낮아졌고 주주들의 원성이 빗발쳤지만, 유상증자 자금으로 높은 영업이익을 거두는 측면도 있었다. 이분은 코로나 위기도 지나가고 있으니 유증 물량의 주식소각까지는 아니어도 차등배당은 다시 실시하라고 말하고 있다.

2023년 4월 9일, 주가 : 9,930원

115층 3만주 거주민인데
q135**** 39.7.***.19 | 작성자글 더보기 ›

조회 1628 | 공감 5 | 비공감 3 | 🔊신고
2023.04.09 06:06

배당 3번 받으며
잘 버티고 있음.
150층 아래에선
절대 이사 안갈꼬임.

배당을 3번 받았다는 것과 평단가로 추측해보면 2019년 말 정도에 3만 주를 매수한 것으로 보인다. 이분이 대단하다고 볼 수 있는 이유는 3억5,000만 원이라는 거금을 들여 매수한 주식이 변변한 반등 한번 없이 계속 하락했고, 코로나와 유상증자로 인해 주가가 5,000원까지 떨어지는 것을 모두 겪었다는 것이다. 손실률을 계산해보자면 대략 −50%에 금액으로는 1억6,890만 원을 잃었던 순간이었다.

2023년 6월 13일, 주가 : 10,390원

115층 30000주 형인데
q135**** 210.107.***.103 | 작성자글 더보기 ›

조회 2044 | 공감 10 | 비공감 6 | 🔊신고
2023.06.13 07:05

물리고 나서 배당만 3번 받았다.
언젠간 15000원 간다고 믿고
끝까지 들고간다.
그런데 평생 15000원은
안올것같어.

아직 계좌는 3,330만 원 정도 손실 상태이지만, 그동안 받은 배당액

의 총합은 6,000만 원이 넘었을 것이다. 아직도 15,000원 이하에선 매도할 생각이 없는 것 같다. 목표가가 안 와도 상관없다는 심경이 보인다. 글에도 여유가 있다.

2023년 8월 29일, 주가 : 10,470원

| 제발 그만올라라 | 조회 825 | 공감 2 | 비공감 3 | 신고 |
| q135**** 39.7.***.14 | 작성자글 더보기 > | | 2023.08.29 09:46 |

115층 3.1만주 형이다.
더 사야는데 자꾸 오르면
어쩌란거냐?
어서 다시 103층 내려가자.

출처: 네이버페이 증권

주가가 평단가 이하이니 계속 물타기 목적으로 매수해서 이제는 보유주식이 31,000주가 된 것 같다. 배당수익이 높으니 계속 사 모으고 있고 이왕이면 10,300원 이하에서 사고 싶은 모양이다.

2023년 10월 16일, 주가 : 11,830원

| 11000원 32000주 형이다. | 조회 744 | 공감 3 | 비공감 8 | 신고 |
| q135**** 175.223.***.234 | 작성자글 더보기 > | | 2023.10.16 16:48 |

아직 4만주 못채웠는데
뭐하는짓이냐
그만 올리고 어서 내려라
어서

출처: 네이버페이 증권

드디어 기업은행의 주가가 이분의 평단가 이상으로 올라섰다. 그런데 수량은 또 1,000주가 늘었다. 글을 보니 4만 주를 채울 생각이다. 주가가 오르니 오히려 화가 난 것 같다. 그리고 추가매수 단가가 낮아서 평단가가 11,000원으로 낮아진 게 보인다.

2024년 1월 30일, 주가 : 12,040원

110층 3.2만주 형이다.
q135**** 220.79.***.38 | 작성자글 더보기 >

조회 797 | 공감 2 | 비공감 0 | 🔒신고
2024.01.30 04:51

구조대 왔는데
안따라가고
그냥 있는중이다.

유증물량 매입소각하고
배당1150원 줘라. 인간적으로.
그리고 차등배당 다시 살려내라.

배당도 매년 잘 받았고 주가도 평단가 이상이지만 매도할 생각이 전혀 없어 보인다. 아직도 몇 년 지난 유증 물량 소각과 차등배당 이야기를 하고 있다.

2024년 2월 17일, 주가 : 13,720원

형이다. 두 달 남았다.
q135**** 220.79.***.26 | 작성자글 더보기 >

2024.02.17 22:11

32,000주 배당으로
2,000주 더 사놓고
나머지는 소고기 사먹으면
잘하는거지?
평단 오르는거 슬프다

어느덧 또 배당이 다가왔다. 아직 4만 주는 아니지만 32,000주에 대한 배당으로 2,000주 더 매수할 계획인 것 같다. 그리고 나머지 금액은 '플렉스'하려는 것으로 보인다.

이 사람의 투자를 정리해보자. 기업은행 배당주를 4년간 보유했고 주당 3,000원의 배당수익, 2,700원의 시세차익을 거뒀다. 총수익률만 따지면 50%가량 된다. 왜 주가가 반토막이 났을 때 손절매하지 않았을까? 아마도 배당투자에서 말하는 안전마진의 하방 보호를 계산했기 때문이라고 생각한다.

이렇게 배당주들의 주식 게시판을 보면 주가 하락에도 십 년 넘게 배당주를 보유한 분들이 많다. 배당이 계속 나오니 여러 가지 악재들도 즐기며 투자하는 것이다. 이것이 바로 최악의 상황에도 생존확률이 높은 배당주 장기투자의 매력이 아닐까 한다. 사실 구조대가 오든 말든 처음부터 구조에는 관심이 없었던 것일 수 있다.

열심히 하면 따라오는 벌칙

'경마', '로또', '카지노'를 해본 적이 있는가? 이곳에 투자한 금액 대비 내게 돌아오는 돈의 비율을 '환급률'이라고 한다. 주식투자의 경우 '평균수익률'에 해당한다. 만약 환급률이 100%면 베팅한 금액이 전액 돌아오는 것을 뜻한다. 위의 예시들은 손님이 돈을 잃어야 비즈니스가 돌아갈 테니 환급률은 100% 이하로 설계되어 있을 것이다. 발표된 대략적인 수치를 보자면 경마는 73%, 로또는 50% 이하, 카지노의 경우 80% 내외이다.

문제는 100% 미만의 환급률이 계속된다는 점이다. 경마를 두 게임 하면 원금의 73% 금액에 다시 73%의 금액이 된다. 마치 연이자 27%의 사채를 빌려 쓰고 2년 뒤 갚는 것과 마찬가지다. 만약 우리가 100만 원으로 마권을 13번 샀다면 경마장을 나올 때의 기댓값은 16,700원이다. 횟수가 반복될수록 이자가 이자를 낳는 복리의 특성에 따라 원금을 0에 가깝게 만드는 것이다. 만약 꼭 도박해야 한다면 카지노에 가서 딱 한 번의 배팅만 하고 나오는 것이 그나마 가장 돈을 벌 확률이 높다.

주식도 마찬가지다. 거래의 빈도를 최소화하는 것이 수익률 상승에 큰 영향을 준다. 회전율이 높은 적극적 매매보다 장기투자의 성과가 높은 이유가 바로 세금과 수수료의 복리효과 때문이다. 2024년 현재, 매매 한 번에 들어가는 비용은 0.18%다. 내가 매수한 가격에 다시 매도하더라도 그 순간 증권거래세 등으로 0.18%의 원금손실이 생긴다. 1억 원어치의 주식을 매매하면 180,000원이 세금으로 나가는 셈이다. 물론 경마나 로또 등에 비하면 손실이 느껴지지 않을 정도로 미미한 금액이다.

그러면 '스캘핑'이나 '데이트레이딩'처럼 회전율이 높은 단기투자의 경우는 어떨까? 1년간 매일 한 번씩만 매매해도 원금의 5%가량이 세금으로 사라진다. 운용이 쉽고 간단한, 극단적으로 표현하면 아무것도 하지 않는 인덱스 투자에 비해 액티브 투자자들은 열심히 했다는 자기위안과 합리화만 남고 세금과 수수료로 계속 원금을 녹일 뿐이다.

물론 아직도 0.18%의 손실에 비해 적극적 매매에 따른 기대수익이 더 높다고 생각할 수 있다. 그렇다면 이렇게 생각해보자. 4인 가족의 구성원들이 각각 '삼성전자', 'SK하이닉스', '현대차', '셀트리온'의 주식을 가지고 있다. 이 가족들은 하루에 한 번만 매매한다. 아버지는 삼성전자를 팔고 SK하이닉스를 사고, 엄마는 SK하이닉스를 팔고 현대차를 사고, 첫째는 현대차를 팔고 셀트리온을 산다. 그리고 둘째는 셀트리온을 팔고 삼성전자를 산다.

더 좋아 보이는 종목들로 매매했지만, 결과적으로 이 가족의 주식 보유량은 같다. 이런 매매가 계속되어봤자 이 가족은 세금으로 손실만 입을 뿐이다. 가족이 아니라 국민 모두 이렇게 거래한다고 생각해보자. 주식시장의 높은 회전율은 결국 전체 주주들의 손실이다.

개별종목으로 봐도 마찬가지다. 2023년 초전도체 열풍이 불었을 때는 2,000% 이상의 회전율을 기록한 종목도 있었다. 주가의 등락이 없더라도 이 종목의 시총 4% 정도가 세금으로 날아간 것이다.

똑같은 내용을 부동산으로 생각해보자. 어느 지역에 50건의 아파트 매매가 있었다고 하자. 다행히 50가구 모두 매매차익 비과세 요건에 해당한다. 그래서 취득세 2%만 내면 된다. 2% 정도면 각 가정의 부담은 크지 않을 수 있다. 하지만 정부는 아파트 50가구 중 1채는 세금으로 가져오는 것이다. 이런 이유로 배당주 장기투자자들은 포지션을 쉽게 바꾸지 않는다.

당신은 누구와
어떻게 거래하고 있나요?

누구나 저마다의 지표를 근거로 삼아 주식을 매매한다. 그만큼 세상에는 매매에 참고할 수많은 정보가 있다. 과거의 주가부터 경영진의 능력, 신기술의 개발, 지인에게 얻은 비공개 자료까지 모두 동원하여 남들보다 높은 수익을 올리려고 한다.

투자를 경험해 보신 분이라면 정보를 최대한 활용하여도 좋은 주식을 선별하는 것은 쉽지 않다는 것을 알고 있다. 하지만 한편으론 시장에 있는 정보를 먼저 찾아내고 분석할 수 있다면 어느 정도의 수익이 가능하다고 생각한다. 효율적 시장 가설을 인정하면서도 비효율적 시장 가설도 믿는 것이다.

물론 탁월한 투자자라면 시장 속 비효율을 찾고 저평가된 기업을 발굴해서 초과 수익을 만들 수도 있다. 하지만 우리가 매매하는 상대는 누구일까? 점점 강력해지는 AI와 빅데이터로 무장한 전문 투자자집단이라고 생각해야 한다. 내 지인 중에는 AI의 미래를 확신하고 관련 섹터에 꾸준히 투자하는 사람이 있다. 그리고 관련 종목들을 수시로 매매하며 자신은 AI와 전문가를 상대해도 충분히 돈을 벌 수 있다고 생각한다. 정말 아이러니하다.

앞에서 말한 것처럼 앞으로 AI와 이를 활용한 투자자가 모든 거래 시장에서 우위를 점할지는 사실 잘 모르겠다. 하지만 배당주 장기투자는 전문가와의 경쟁을 최대한 피할 수 있는 투자다. 단기매매는 AI와 전문기관투자자들끼리 싸우게 내버려 두자. 우리는 장기투자의 영역에서 피터지는 콜로세움을 편하게 구경하면서 투자하면 그만이다.

그리고 하나 더 생각할 점이 있다. 아무리 천하의 AI나 모든 정보를 알 수 있는 전문가집단이더라도 그들의 투자가 언제나 순탄치만은 않다. 그들 앞에도 투자의 왕이나 신 같은 선반영, 킹반영, 갓반영이 항상 기다리기 때문이다.

나같이 자신의 한계를 인정한 지극히 평범한 일반 투자자에게 재밌는 것은, 비효율 시장을 이용하여 엄청난 이익을 냈던 워런 버핏 같은 위대한 투자자도 효율적 시장 가설에 기반을 둔 지수 ETF 패시브 투자를 추천했다는 것이다.

결국 모든 것을 이해할 필요는 없다

주식시장에 영향을 주는 요소는 너무나 많다. 우리가 확인할 수 있는 것은 극히 일부에 불과하고 그것마저도 정확하다고 장담할 수 없다.

종목분석을 하는 방법도 다양하지만, 거시적이거나 미시적인 수많은 외부 요소가 복잡하게 얽혀있으며 시간에 따라 시시각각 변한다. 주식투자에 있어 공부가 과연 효과가 있는 건지, 어떤 공부를 하고, 어떤 공부는 하지 말아야 하는 것인지 명확하지도 않다. 어떤 뉴스는 선반영이 되지만 어떤 뉴스는 또 한참 후에 후반영이 된다. 그리고 만약 자신이 모든 요소를 이해하고 관리해도 운은 이겨낼 수 없다. 결국 우리는 투자의 한계를 인정해야 한다.

다행히도 세상의 이치는 오묘하면서도 단순하다. 미분·적분을 못 해도 돈을 벌고 먹고 살아가는 데 큰 지장은 없다. 어느 정도의 필요한 지식만 있으면 충분히 무리 없이 행복하게 잘 살 수 있다. 주식시장도 마찬가지이다. 모든 것을 다 이해할 필요는 없다. 본인의 한계를 인식하고 상식적인 투자를 지속하는 것만으로도 훌륭한 성공투자자가 될 수 있다고 생각한다. 이 책에 깔린 내 판단의 근거들은 이 지점에 있다.

고점 판독기가 되지 말자

사람들을 만나다 보면 투자 경력이 긴 개미투자자들과 이야기를 나눌 때가 있다. 그 대화에서 그들의 경험과 철학을 통해 좋은 투자 영감을 얻을 수 있는데, 신기하게도 아무리 공부하고 정보수집과 분석을 해도 손실이 계속되는 사람들이 있다. 나보다 훨씬 공부의 양도 많고 주식에 대한 지식도 많은 사람조차 주식으로 손해를 보는 것은 어쩔 수 없다.

주식거래의 특성상 누군가는 확률적으로 손해를 볼 수밖에 없지만, 손실의 이유를 명확히 찾기는 힘들다. 아무리 싼 주식을 사도 더 떨어지는 일은 허다하다. 지하실 밑에 지하 2층, 3층쯤은 당연히 있다. 주가가 무작위로 움직일 수도 있겠지만 그냥 간단히 운이 없다고 결론 내보자. 만약 내 운이 부족하다면 어떻게 해야 할까?

가장 좋은 방법은 나의 운과 국가의 운, 전 세계의 운을 똑같이 맞추는 것이다. 내가 망하면 우리나라, 전 세계도 같이 망한다고 생각하면 된다. 그리고 전 세계의 모든 종목을 다 사버리면 된다. 엔비디아와 동업하고 싶으면 엔비디아 주식을 사는 것처럼 전 세계와 운을 동조하려면 우리나라나 미국, 일본, 중국 등 각국의 주가지수를 추종하는 ETF를 장기간 사서 모으면 된다. 인류가 발전하는 한 내 계좌도 같이 커나가는 것이다. 운과 싸우지 말자. 당신은 운이 좋은 사람이 아니라면 전 세계의 운명과 함께 가자. 고점 판독기 타이틀은 다른 사람에게 넘겨주자.

희망이라는 함정 피하기

사람은 의외로 희망적인 경우가 많다. 매주 무수하게 팔리는 로또복권을 보면 누구나 실제 당첨 확률과 환급률을 알더라도 '그래도 혹시 당첨될 수도 있지 않을까?'라는 마음에 사는 것 같다. 만약 로또에 당첨되는 대신 벼락을 한 번 맞으라고 한다면 당신은 어떻게 할 것인가? 당연히 싫다고 말할 것이다. 벼락을 맞으면 죽을 텐데 로또로 번 수십억 원이 무슨 소용인가?

투자에는 그 사람의 철학이 반영된다. 나 같은 패시브 성향의 투자자는 투자에서도 로또 대신 벼락을 피하고 싶다. 행운이 오는 것보다 불행을 피하는 게 좋고, 나에게 잘해주는 사람이 늘어나는 것보다 나를 싫어하는 사람이 줄어드는 게 더 중요하다. 상한가 한 번 맞아본 적 없지만 상장폐지나 하한가 또한 맞아본 적 없다. 수익률 높은 상품은 들어보기도 전에 의심부터 한다. 그렇게 좋은 건 나에게 올 리 없다고 생각한다.

같은 의미로 한 달에 수십, 수백%의 수익률을 올린다는 상품은 사기라고 생각한다. 아무리 그럴싸한 구조라도 달콤한 수익률 뒤에는 많은 함정이 있는 법이다. 투자의 기본은 '하이 리스크 하이 리턴(High Risk High Return)'이다. 언젠가 '블랙 먼데이'같은 폭락이 와서 기초지수가 34% 정도 떨어진다면 'TQQQ', 'SOXL' 등 지수와 연관된 3배 레버리지 ETF 상품들은 0원에 수렴할 것이다.

극단적인 경우지만 코인 투자상품 중 50배 레버리지 상품도 있었다. 이 상품은 기초지수가 2%만 떨어지면 투자금은 모두 사라지게 된다. 투자할 때 어느 정도의 리스크는 감수해야겠지만 과한 레버리지나 변동성은 도박을 넘어 러시안룰렛이라고 봐야 한다.

투자자들에게 가장 유명한 격언을 하나 꼽자면 바로 워런 버핏의 투자원칙일 것이다. 첫 번째 투자원칙은 '돈을 잃지 마라'고, 두 번째 원칙은 '첫 번째 원칙을 잊지 말아라'다. 이 원칙이 말하는 핵심은 리스크과리와 복리의 효과다.

주식 공부의 한계가 있음에도 계속 공부해야 하는 이유는 함정을 피하기 위해서이다. 주식투자는 대박 종목을 찾는 게임이 아니다. 거래를 결정하기 전 항상 워런 버핏이 두 가지 투자원칙을 세운 이유를 생각해봐야 한다. 투자는 결국 최선보다 최악을 피하는 것이 중요한 것 아닐까?

만약 돈을 잃지 않는 투자를 원한다면 배당주 장기투자가 가장 가까운 답일 수 있다. 내가 종목을 고르는 기본자세도 비슷하다. 대박 날 종목을 고르는 것보다는 손해 볼 종목을 피하는 걸 더 중요하게 생각한다. 내가 공매도 세력이라고 생각하고 이 종목이 공매도 치기 어려운 종목인지 판단한다. 주식투자는 수많은 종목 중에서 최대한 나쁜 종목들을 거르는 함정 피하기 게임이라고 생각해도 좋다.

장기투자는
정답일까?

투자의 어려움 중 하나는 장기투자도 확실한 성공의 길이 아니라는 것이다. 좋은 종목을 골라서 장기투자를 해도, 분명 절대 망하지 않을 싼 주식을 사서 장기투자를 해도 망할 수 있다. 다른 종목들은 최소한 물가가 반영되며 주가가 오르고 지수에서 차지하는 비중도 유지하는데, 상장폐지가 아니어도 내가 장기투자하는 종목의 주가가 십수 년간 계속 떨어지기만 한다면 버티기 힘들다. 설사 배당이 나오더라도 쉽지 않다. 어쩌면 위에 설명한 기업은행 장기투자자의 사례는 장기투자의 실패 사례가 될 수도 있었다.

한국전력의 주가 변화(1999년~2024년)

시점	시총순위	주가(원)	시총(조 원)	코스피 중 한전 비중(%)
1999.1.	1	30,000	18.8	12.45
2004.1.	5	21,400	13.6	3.44
2009.1.	3	30,150	19.3	3.02
2014.1.	8	34,550	22.1	1.73
2019.1.	9	34,050	21.8	1.40
2024.1.	33	18,840	12.0	0.47

출처 : 한국거래소

위 종목의 가격 변동을 살펴보자. 내가 신입사원으로 입사했던 1999년, 당당히 시총 1위였던 종목의 25년간 주가 변화이다. 장기투자의 대표적인 실패 사례로 꼽히는 '한국전력'이다. 국가에서 보증한 독과점인 전력 사업에 망하지 않는 공기업이라 장기투자에 유리하다며 당시에 인기가 많았다. 1등 우량주이다 보니 주식에 투자하는 사람치고 한국전력 주식을 매수하지 않은 사람이 없을 정도였다. 나 같은 경우도 2만 원 초반대에 저가라고 판단하고 박스권 매매로 수익을 노려보기도 했다.

하지만 여러 가지 이유로 코스피에서 한전이 차지하는 시총 비중은 1999년의 12.45%에서 2024년 0.47%까지 줄어버렸다. 절대 망할 일은 없더라도 이제 한국전력을 추천하는 사람은 욕을 먹는 지경이 되어버렸다. 한국전력뿐만 아니라 'LG생활건강', 'POSCO홀딩스', '아모레퍼시픽' 등 많은 대형 배당주에 투자한 사람들도 투자에 실패한 전례가 있다.

그래서 많은 분이 장기투자는 정답이 아니라고 결론짓고 스윙 매매나 데이트레이딩 등 단기투자에서 답을 찾으려고 한다. 장기투자가 정답은 아니다. 하지만 오답도 아니다. 장기투자의 실패 사례만 보고 일반화의 오류에 빠져 장기투자를 멀리할 필요는 없다.

확률·통계학적으로 데이터 표본의 수를 늘릴수록 통계적 예상치의 정밀도가 향상되는 현상을 '대수(큰수)의 법칙'이라고 한다. 내가 투자하고 있는 보험사에서 평균 교통사고율, 암발병률 등을 계산하여 보험료를 산정할 때 중요하게 사용하는 법칙이다.

보험사가 가진 데이터양이 많을수록 좀 더 정확한 결과를 예측할 수 있듯 장기투자에서 가장 중요한 것은 대수의 법칙을 기초로 한 가치주 분산투자다. 그리고 많은 종목도 대수이지만 장기간이라는 시간도 훌륭한 대수이다. 주식시장을 믿고 장기간의 상승분을 모두 가져갈 수 있는 투자법은 사실 어렵지 않다. ETF의 주가 상승 원리와도 비슷하다.

나의 은(銀) 투자 이야기

내가 배당주에 투자하는 이유를 알려드리기 위해 예전의 투자 경험 중 하나를 소환해보겠다. 나의 투자 초반, 나름대로 정보도 찾아보고 실제로 투자하며 수익을 올리자 자신이 생겼다. 그렇게 자연스럽게 역시 속 대표적인 투자처인 금과 은에도 관심을 두게 되었다.

그런데 국제 금·은 가격은 꾸준히 상승하는 도중, 이상한 점이 눈에 띄었다. 은의 20배 정도 가격에 거래되던 금의 가격이 점점 뛰어서 금과 은의 가격 차이가 30배 이상으로 벌어진 것이다. 2000년 초 5달러

선이었던 은의 가격이 10년 만에 10배 정도 오른 상태였으나, 금 가격과의 괴리를 좁히기 위해 은의 가격이 좀 더 상승할 것이라 예상하고 투자를 결심했다.

금, 은의 가격과 관련주의 변동(금, 은 단위 : USD/OZS)

시점	금	은	금은비	고려아연 주가(원)
2011년 4월 25일	1684.7	52.80	31.9	487,000
2011년 9월 21일	1979.3	42.84	46.2	406,500
2011년 9월 26일	1707.0	29.11	58.6	290,000
2015년 12월 14일	1216.6	15.66	77.6	436,500
2020년 3월 18일	1528.9	11.99	127.5	411,500
2024년 4월 12일	2374.1	28.33	83.8	470,500

출처: 네이버페이 증권

직접 구매해 실물로 보유하는 것은 세금과 보관 문제로 좋은 방법이 아니라고 생각했고, 주식투자자의 관점에서 접근하니 '고려아연'이란 회사가 눈에 들어왔다. 사명처럼 아연과 연의 생산 및 판매가 주업종이지만, 아연과 연의 제련과정에서 회수하는 금과 은, 동, 황산 등의 부산물도 같이 생산하여 많은 이익을 거두는 회사였다.

그 회사가 단기 고점을 찍고 가격이 낮아졌다고 생각한 2011년 9월경, 내 투자자금의 대부분인 1억 원을 고려아연에 투자했다. 과연 어떻게 되었을까? 이럴 때의 주식시장은 마치 '트루먼 쇼' 같았다. 내가 주식을 사면 꼭 무슨 일이 생긴다. 투자한 다음 날 개장 전에 국제 은값이 폭락했다는 뉴스가 나왔다. 동시호가부터 고려아연 매물이 잔뜩 쌓여있었고, 개장과 동시에 매물이 쏟아졌다. 패닉에 빠져 손절하려고 지정가 주문을 내었으나 체결되지 않고 주가는 계속 하락했다.

결국, 시장가에 다 던지고 10% 이상의 손실을 보고 말았다. 나름 고려아연의 실적과 전망을 확인한 뒤 투자했으나 폭락을 견디지 못하고 투매한 것이다. 젊었을 때 투자에서 하루 만에 10% 손실은 뼈아팠다. 내 투자의 출발선은 뒤로 밀려나 버렸고, 이 손실은 정말 복구하기 힘들었다. 이후 은의 가격은 계속 하락했지만 내가 판 고려아연의 주가는 1년 정도 후 매도가격의 2배가 되어서 더 안타까웠다.

고려아연의 주가 변동

시점	종가	가격 변동	변동 폭	거래량
2011년 9월 30일	291,500	−6,500	−2.18%	189,523
2011년 9월 29일	298,000	−8,500	−2.77%	409,413
2011년 9월 28일	306,500	−11,500	−3.62%	154,591
2011년 9월 27일	318,000	+28,000	+9.66%	229,178
2011년 9월 26일	290,000	−51,000	−14.96%	514,158
2011년 9월 23일	341,000	−58,000	−14.54%	357,509
2011년 9월 22일	399,000	−7,500	−1.85%	77,969
2011년 9월 21일	406,500	+10,500	+2.65%	69,460
2011년 9월 20일	396,000	−10,000	−2.46%p	116,663
2011년 9월 19일	406,000	−14,000	−3.33%p	92,024
2011년 9월 16일	420,000	+2,000	+0.48%p	97,509
2011년 9월 15일	418,000	+14,000	+3.47%p	83,543

출처: 네이버페이 증권

은으로 잃은 투자금은 은으로 복구하고 싶었다. 은 가격을 계속 지켜보다 2015년경에 은 가격이 폭락하고 금은비가 커지는 것을 보고 'KODEX 은선물(H)'에 투자했다. 하지만 현물이 아닌 선물투자 상품이다 보니 높은 운용보수와 만기 연장 비용을 감당해야 했다. 결국 꾸준히 은의 가격이 하락해 장기투자를 하기 힘들어지자 다시 배당주로 돌아왔다. 이렇게 쌓인 경험들이 보유만으로 돈이 나가는 상품을 피하고 꾸준한 배당이 나오는 배당주에 투자하는 이유가 되었다.

사실 다양한 재무분석과 지표를 통해 실적을 파악하기는 쉽다. 하지만 예측의 영역인 전망은 다른 문제이고 너무나 많은 변수가 있다. 또 좋은 가격을 찾아서 매수했더라도 가격 변동과 기회비용, 실패 가능성을 감당할 능력이 있어야 한다.

결국 중요한 건 나만의 이유다

위에서 말한 거래의 경험을 거쳐 40대가 되었고, 나는 투자에 지쳤었다. 나름대로 주식투자를 오래 하다 보니 수없이 많은 매매를 진행했고 그에 따른 후회도 많이 생겼다. 예전에 팔았던 종목이 몇 배로 오르는 경험도 점점 많아졌고 그동안 나간 세금과 수수료도 적지 않았다. 공부한다고 읽은 책들도 큰 도움이 안 되었고 증권방송이나 전문가의 종목상담도 마찬가지였다. 결국, 주식 판에 전문가는 없다는 결론까지 내버리고 말았다.

그동안 주식에 투자한 시간이 아까웠다. 개미투자자에게 남은 건 단순한 지수 인덱스 투자보다 못한 투자성적표였다. 매년 노력했고 다행히 손실은 없었지만, 생각만큼 큰돈은 벌 수 없었다. 그러다 보니 자연스럽게 매매라는 행위에 지쳐버렸다. 그리고 40대가 되면서 노후와 은퇴도 머리가 아픈데 매일 주식과 씨름을 할 수 없다고 생각했다.

그래서 내린 결론은 '적당히 5% 정도 배당주에 넣어놓고 주식에 신경을 쓰지 말자!'라는 것이었다. 주식투자 초기에는 배당주 장기투자를 상당히 무시했는데 이런저런 나만의 투자 여행에 지쳐서 돌아온 곳이 배당주 투자라니 참 아이러니했다.

만약 운 나쁘게 주식시장이 가진 장기성장성과 수십 년 남은 내 투자의 생애주기가 안 맞을 수도 있다. 그렇다면 내가 가진 주식 포트폴리오의 주가는 평생 안 오를지도 모른다. 어쩔 수 없다. 인간의 삶은 그렇게 길지 않다. 그래서 노년의 투자자에겐 꾸준히 배당이 나오는 투자가 더 매력적일 수 있다고 생각한다.

투자하기 전
이 정도는 알아두자

우리는 마트에 가서 야채 하나를 사더라도 합리적 지출을 위해 싼지 비싼지를 판단한다. 그 기준은 다양하다. 물건의 상태는 기본이고 행사 상품이나 쿠폰이 있는지, 예전 판매가격은 어땠는지, 주위 시장이나 인터넷 상점의 가격과도 비교한다.

주식투자도 마찬가지다. 결국 우리가 투자를 하면서 연구하고 공부하고 분석하는 모든 복잡하고 정교한 과정은 싸게 살 수 있는 저평가 주식을 찾기 위해서다. 이제 투자자로서 다음 사례 속 가게의 적정 인수가격은 얼마인지 생각해보자. 1년에 1억 원씩 순이익이 나는 가게가 있다. 당신은 이 가게를 얼마에 사겠는가? 누군가는 3억 원으로 사길 바라고, 또 다른 사람은 5억 원, 10억 원을 내서라도 사길 바랄 수 있다. 싸게 살수록 좋겠지만 적정한 거래가격이 형성되어야 가게의 매매가 이루어질 것이다.

당신이 이 가게를 5억 원에 샀다고 생각해보자. 매년 1억 원의 순이익이 발생하니 5년만 있으면 가게 매수가격 모두를 회수할 수 있다. 그리고 가게는 온전히 남아서 또 매년 1억 원씩 벌어다 줄 것이다. 이것을 주식시장에서는 'PER(Price Earning Ratio, 주가수익비율)'이라고 부르며 당신은 PER가 5인 자산을 구매한 것이다.

높은 PER은 순이익 대비 가격이 비싸다는 의미로, 낮은 PER은 순이익에 비해 가격이 저렴하다고 이해할 수 있다. 그리고 PER이 낮은 자산은 앞으로 가격이 상승할 가능성이 크다. 만약 당신이 5억 원에 산 가게가 10년 후 PER 7이 되면 그 가치를 인정받고 7억 원에 팔 수도 있다. 10년간 5억 원을 투자하여 10억 원의 순이익과 2억 원의 매매차익을 얻은 셈이다. 대략 10년간 연 24%의 투자수익이 발생한 것이다.

투자는 이렇게 가치에 비해 싼 물건을 사는 것이 기본이다. 물론 저성장주와 고위험주도 낮은 PER인 경우가 많고 몇 가지 관점에 따라 종종 경시되기도 하는 지표이지만 그래도 싼 가격을 판단할 때 PER은 매우 강력하다.

그러면 사례 속 가게를 5억 원에 매수하는 대신 인근의 아파트를 5억 원에 샀다고 생각해보자. 이 아파트가 상가처럼 PER 5가 되려면 월세는 얼마를 받아야 할까? 1년간의 임대수익이 1억 원이 되어야 하니 12개월로 나누면 달마다 833.3만 원을 낼 세입자를 구해야 한다.

하지만 내가 실제로 거주하는 동네의 5억 원대 아파트의 월세 시세는 100만 원에서 150만 원 전후다. PER의 관점에서 보면 우리 동네 아파트의 PER은 30인 것이다. 그럼 이율 5%짜리 특판예금에 가입했다고 생각해보자. 이 예금상품의 PER은 얼마일까? PER = 100/5으로 계산해보면 이 상품의 PER은 20이다. 위 세 가지 사례를 비교하면 가게 〉 예금 〉 아파트 순으로 싸다고 판단할 수 있다.

나 같은 경우 보통 PER로 적정가격을 계산하여 고평가된 주식을 피하는 데 활용하고 있다. 단, PER에 의한 적정가 계산 방법은 수익이 발생한다는 것을 전제로 한 계산이다. 적자기업이나 수익이 나지 않는 기업의 가치를 판단할 때는 사용할 수 없다. 그리고 실적이 약간만 바뀌어도 PER은 상당히 크게 달라진다. 투자할 기업을 PER로 분석하고 싶다면 가급적 과거 10년 정도의 실적을 확인하여 PER의 변화를 모두 보는 것이 좋다.

키워드_PER과 배당 이야기

PER과 배당을 중요한 지표로 사용한 대표적 인물로 '존 네프(John Neff)'가 있다. PER과 기업이익성장률, 배당수익률 정도를 가지고 종목을 고르는 방법으로 31년 동안(1964년~1995년) 자신이 운영하는 펀드의 운용수익률을 5,000% 이상 올렸다. 그가 종목을 고른 기준은 아래처럼 아주 간단하다. 배당주 투자를 오래 한 분들이 종목을 고르는 기준도 여기에서 크게 벗어나지는 않는다.

1. PER 10 미만 종목
2. 장기간의 이익성장률(EPS성장률) 연 7% 이상
3. 배당수익률 5% 이상
4. ((이익성장률 + 배당수익률)/PER)을 계산하여 2.0 이상인 기업
    ※ 네프 공식으로 유명하며 '총회수율'이라고 한다.

ex) 이익성장률 10%, 배당성장률 6%, PER 7.0인 기업의 경우 총 회수율은 2.28(16/7)로 위 4가지 투자조건에 모두 부합한다.

그런데 장기투자자라면 조금 더 생각해볼 부분이 있다. 31년간 5,000%의 수익률은 가능한 것일까? 연간으로 환산해보면 13%~14%의 연수익률을 31년 동안 유지했다는 이야기이다. 하지만 저평가주 가치투자의 장기성장률에 배당 재투자와 함께 절세를 통한 수익률을 더한다면 어느 정도는 현실적인 수익률일 수도 있다.

이번엔 PER 이외의 다른 방법으로 가격을 측정해보자. PER과 함께 가치투자자들이 많이 사용하는 'PBR(Price Book-value Ratio, 주가순자산비율)' 지표이다. 순자산 또는 청산가치로 이해해도 좋다. 위의 순이익 1억 원짜리 가게의 예시처럼 PBR을 사용하는 경우를 알아보자.

지금까지 순이익이 잘 나왔다고 하더라도 당장 내년 일은 알 수 없다. 갑자기 적자로 돌아서서 돈 먹는 애물단지가 될 수도 있다. 이럴 때는 가게를 청산해야 하지만, 적자 상태인 가게를 내가 원하는 가격에 팔기는 쉽지 않을 것이다. 그때는 땅과 건물을 부동산에 팔고 재료나 집기류 등은 '중고나라'나 '당근마켓'에 팔아 현금화할 것이다.

만약 이렇게 현금화한 금액이 가게 창업에 들어간 비용과 똑같다면 PBR은 1인 셈이다. 주식으로 생각해보면 PBR 1은 이론상 기업을 정리할 때 기업의 가격(시가총액)과 순자산이 같다는 뜻이니 최소한 기업 인수 후 회사를 정리해버려도 매수가격은 받을 수 있다는 의미이다. 여기서 순자산은 토지, 건물, 기계 장치류 같은 생산설비와 재고, 현금 등을 의미한다.

그리고 기업의 이익잉여금이 꾸준히 누적되어 현금이 쌓여있는데도 주가가 오르지 않는다면 그 기업의 PBR은 계속 낮아진다. 어떤 기업에 현금화가 쉬운 유동자산이 2조 원 정도 쌓여있는데 그 기업의 시가총액이 1조 원 안팎이라면 이 기업의 주가는 50% 할인된 상태라고 볼 수 있다.

하지만 PBR 투자 시에도 주의할 점이 있다. 많은 현금 보유량은 거꾸로 투자에 소극적인 상태이거나 이익과 성장의 정체, 적자인 경우라고도 볼 수 있다. 단지 PBR이 낮다는 이유로 주가를 싸다고 판단해서는 안 된다. 마찬가지로 높은 PBR이라고 해서 비싸다고 판단하는 것도 금물이다. PBR은 전통적인 장부가치에 기반한 평가지표일 뿐이다. 브랜드의 가치, 축적된 지적 재산, 고객 충성도, 미래 전망 등은 알 수 없다. 그저 정상적인 기업이라면 PBR 1.0 이상에서 거래되는 게 맞다고 생각하자.

2024년 초 정부에서는 오랫동안 낮은 PBR을 유지한 국내 증시의 활성화를 위해 '기업 밸류업 프로그램'을 발표했다. 이 정책의 핵심은 낮은 PBR을 가진 상장사들의 기업 가치 저평가 이유를 분석하고 개선하는 것이다. 물론 PBR과 기업 가치를 올리려면 수익의 증대로 자연스럽게 주가가 상승하는 것이 가장 좋겠지만, 배당 증액이나 자사주 매입 소각, 부채상환 등 주주환원을 통해 주당순자산을 낮추는 방법을 사용하면 즉각적인 효과를 기대할 수도 있다.

실제로 주식시장에서는 정부의 밸류업 프로그램에 따른 주주환원을 기대하며 낮은 PBR 종목들의 가격이 뛰기도 했다. 우리나라보다 먼저 주식의 밸류업을 노린 일본 도쿄증권거래소의 기업 가치 개선방안도 역시 저 PBR 주식부터 시작하여 주가 상승을 이끌었다.

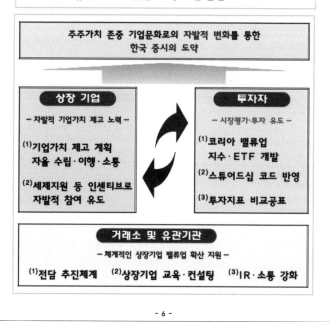

III. 기업가치 제고 지원을 위한 「기업 밸류업 프로그램」 운영방안

※ 日도쿄거래소 사례*를 참조하되, 우리 시장의 특성을 고려한 실효성 확보를 위해 가이드라인 보완 및 참여 인센티브와 지원체계 강화
 * 「Action to Implement Management that is Conscious of Cost of Capital and Stock Price」

< 기본 방향 >

◈ 상장기업이 「현황진단 → 목표설정 → 계획수립 → 이행·소통」하는 자발적인 기업가치 제고 노력 강화

◈ 주주가치 존중 기업이 투자자들의 선택을 받도록 적극 지원

➡ 기업가치 제고와 주주가치 존중 문화가 확산될 수 있도록, 「기업 밸류업 프로그램」을 지속 보완·발전

주주가치 존중 기업문화로의 자발적 변화를 통한 한국 증시의 도약

상장 기업
- 자발적 기업가치 제고 노력 -
(1)기업가치 제고 계획 자율 수립·이행·소통
(2)세제지원 등 인센티브로 자발적 참여 유도

투자자
- 시장평가·투자 유도 -
(1)코리아 밸류업 지수·ETF 개발
(2)스튜어드십 코드 반영
(3)투자지표 비교공표

거래소 및 유관기관
- 체계적인 상장기업 밸류업 확산 지원 -
(1)전담 추진체계   (2)상장기업 교육·컨설팅   (3)IR·소통 강화

- 6 -

출처: 금융위원회

이런 이유로 주주환원을 중요하게 생각하는 배당투자자는 PBR을 중요한 가격 판단의 기준으로 삼는다. 다시 한번 말하지만 가장 중요한

점은 꾸준히 이익이 발생해야 주주환원이 가능하다는 것이다.

  그럼 이제 위에서 예로 든 아파트 이야기를 조금 더 이어가 보겠다. 월세 수익을 기준으로 두면 PER 30은 분명 다른 수익형 자산보다 비싸 보일 수 있다. 게다가 불황이나 고금리 시기에는 부동산 수요가 줄어 시세가 꾸준히 하락할 때도 많다. 이럴 때 선뜻 부동산을 매수하기는 쉽지 않다. 그러면 이 아파트는 얼마에 구매해야 할까?

  PBR 개념으로 부동산의 적정가격을 생각해보자. 아파트는 건설원가 또는 분양가를 가치평가의 저가 기준으로 생각할 수 있다. 물가 상승에 따라 토지가격부터 전기료, 원자재, 인건비 등등이 오르고 있다면 분명 공사비와 건설 원가도 오를 수밖에 없다. 그러면 분양가도 올라갈 것이다. 분양시장에서 아파트의 가격이 계속 오르고 있는데 거래시장에서 가격이 하락한다면 단지 수요공급의 불일치에 따른 가격 왜곡일 수 있다.

  주식시장에도 상장시장과 거래시장이 있고 거래시장은 주식의 가치가 변치 않아도 수급과 재료에 의해 수시로 가격이 변한다. 9·11사태나 코로나19 팬데믹 같은 쇼크가 오면 좋은 기업들도 주가 하락으로 인해 좋은 PBR에 도달하기도 한다.

안전한 부의 서행차선, 배당주 투자

Part 2. 〈배당주, 이것만은 알고 시작하자〉를 마치며 독자 여러분들이 배당주에 투자할 결심이 조금이나마 생기셨기를 희망한다. 세상 모든 일이 그렇듯 주식투자도 처음에 좋은 습관과 자세를 체득하는 게 중요하다.

물론 내 자산이 적을수록 배당주의 비교적 낮은 수익률로는 만족할 수 없을지도 모른다. 100만 원을 가지고 생애 첫 주식투자를 시작하는 분에게 연 6~10%의 기대수익률을 보고 투자하라고 말해봤자 성에 차지 않을 것이다. 나 또한 꾸준히 주위 분들에게 배당주 투자를 권유했지만, 100만 원으로 1년에 8만 원, 월 6,600원이라는 기대수익을 위해 주식이란 위험자산에 투자하기는 싫다고 생각한 대부분은 더 이상 내 이야기를 듣지 않았다.

어느 분은 투자 초기에 좋은 종목 한두 개에 종잣돈을 모두 투자해 월 10% 정도의 안정적인 수익을 꾸준히 올리라고 말한다. 이렇게 어느 정도 돈을 모으면 그때는 기술주, 성장주, 채권 등으로 분산투자하고, 배당주도 사고, 나머지는 꾸준히 데이 트레이딩으로 수익을 올리다 은퇴 시점에 지금까지 불린 돈으로 고배당주를 사는 것이 바람직한 투자 로드맵이라고 말씀하시는 분도 있었다. 또 10억 원 정도는 배당주에 투자해야 연 5,000만 원 이상을 가져갈 수 있으니, 투자금이 적은 초반에는 고위험주나 기술주에 적극적으로 투자하는 게 정답이라는 분도 있었다. 과연 그럴까?

이렇게 장기투자의 우수성을 인정하면서도 투자 초기에 비현실적인 투자수익률을 목표로 잡으면 위험한 매매를 하는 습관이 생긴다. 뉴스나 소문에 등장한 수익률 수백%의 인기 종목들을 보다 보면 자연스럽게 눈높이만 높아지기 마련이다. 과연 몇 %의 수익률을 기대하면서 투자해야 할까? 수익률의 기준점은 무엇으로 정해야 할까? 투자에 있어서 아주 중요한 문제이다. 내가 기준으로 삼는 것들과 그 이유는 다음과 같다.

부의 1차선, 금리

우선 은행 금리가 있다. 2024년 한국의 상반기 기준금리는 3.5%를 유지하고 있고 미국 연방준비제도(Federal Reserve, Fed)의 기준금리는 5.5%이다. 우리나라 시중은행의 예적금 금리는 3% 후반~4% 초반이다. 고금리 시기임에도 이 정도 예금금리로는 마음에 들지 않을 것이다. 5% 배당주들도 흔한데 목표수익률 4%로 자금을 굴리기엔 인플레이션이 무섭다.

시계를 뒤로 돌려 '1998년 외환위기' 시기에는 연 20%대 이자율의 정기예금도 있었다. 이때 3년 만기 상품에 1억 원을 예금했다면 3년 후 7,000만 원 정도의 이자를 받았을 것이다. 이런 고금리 시기에 금리를 기준으로 투자성과의 목표를 정하면 예금보다 더 좋은 투자처를 찾기가 힘들다. 최소 20% 이상의 수익률이 나와야 좋은 투자라고 할 수 있다. 이때는 배당주 투자로 10%대 수익률이 나왔어도 실패한 투자인 셈이다.

하지만 이런 예외를 제외하더라도 예금금리보다 높은 수익률을 얻을 투자처가 많다면 굳이 예금에 돈을 묻어둘 이유가 없다. 금리가 내려가면 좋은 투자처가 많아지고 주식시장과 부동산 시장에도 자금이 몰리게 되는 까닭이다. 만약 앞으로 저성장, 저금리 시대로 간다면 평균 수익률 5%대인 배당주의 인기는 더 올라갈 것이다. 기준금리나 예금금리, 채권금리 등 금리를 기준으로 목표를 세우고 성과를 판단하는 것이 보유한 현금의 구매력을 지키기 위한 최소한의 기준이라고 볼 수 있다.

예금금리에서 조금 더 적극적으로 생각해보면 대출 이율도 기준으로 삼을 수 있다. 아무래도 예금금리보다 1%p~2%p 정도 높고, 투자를 통해 이 정도의 수익률을 유지할 수 있다면 매우 훌륭한 투자라고 봐도 좋다. 정말 이런 투자가 가능하다면 레버리지를 무한대로 일으켜도 나쁘지 않다. 이런 상황에서의 레버리지는 좋은 빚인 셈이다.

이 부분은 논란이 될 수 있어 조금 자세히 설명하고자 한다. 투자할 때 절대로 대출받아선 안 된다는 견해도 있지만, 대출을 적절하게 잘 활용하는 것은 투자와 성장에 매우 중요하다. 단적인 예로 우리가 집을 살 때 대출을 이용해, 내 월급의 상승률보다 빠른 부동산 가격상승을 따라잡는 것을 생각하면 좋다.

마찬가지로 주식투자도 대출을 꺼릴 필요는 없다. 배당주 투자 역시 배당금에서 세금과 건강보험료를 제한 금액이 대출이자보다 많다면 대출 활용을 고민해볼 수 있다. 물론 주가의 하락이나 배당컷의 발생 가능성은 충분히 고려해야 하지만, 일반적으로 좋은 배당주를 골랐다면 꾸준히 배당금이 불어나니 대출이자의 부담은 줄어들고 주가 상승이란 보너스도 기대할 수 있다.

특히 저금리 시기에는 레버리지를 이용한 배당주 투자의 매력이 더 커진다. 실제로 레버리지 파생 ETF의 경우 주가의 등락에 따라 구간별 차이는 있지만, 대출이자만 낮다면 최대한 대출받아 1배 지수연동 상품에 투자하는 것이 대출 없이 2배 레버리지 상품에 투자하는 것보다 유리한 경우가 많았다. 물론 금리를 이용한 차익투자도 위험이 있으니 신중히 투자해야 한다. 천재들이 가득했던 LTCM도 결국 차익거래로 망했다.

개인적인 대출 투자의 경험을 말해보자면 2013년 코스피 지수가 1,800 이하로 무너진 것을 보고 동네 은행을 찾아가 부동산담보대출을 최대로 받아 'KODEX 200'을 매수한 적이 있다. 안타깝게도 대출 실행을 기다리는 동안 코스피 지수가 1,900 근처까지 올라가 생각했던 것보다 높은 가격에 ETF를 매수해야 했다.

성공확률이 높다고 생각했으나 KODEX 200의 적은 분배금으로는 이자도 갚을 수 없어 급여 일부를 융통해 이자를 상환해야 했다. 장기투자를 하면서도 마음이 편하지 않아 코스피 지수가 2,000을 넘자마자 바로 매도해서 대출을 갚았다. 아마 KODEX 200이 아닌 고배당주를 샀더라면 지금까지 보유해 더 많은 수익을 올리지 않았을까 싶다.

결국 이 경험은 내가 배당주에 집중하는 데 영향을 주었고 단발성의 큰 수익보다 꾸준한 수익의 누적으로 자산을 불리는 긴 호흡의 투자도 좋다고 생각하는 계기가 되었다. 이후 근 10년 동안 한 번도 대출을 이용해 투자한 적은 없지만 그래도 언제든 배당주가 싼 가격대에 들어온다면 대출을 이용할 생각은 갖고 있다.

부의 2차선, 국민연금과 물가상승률

다음으로 '국민연금'의 운용수익률도 좋은 벤치마크 수익률 중 하나다. 우선 국민연금의 최근 10년간의 운영 성과를 보자.

국민연금의 10년간 운영 성과

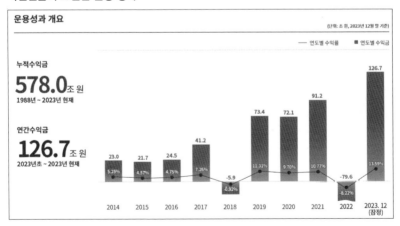

출처: 국민연금공단

10년간 10%를 넘긴 해는 2019, 2021, 2023년이고, 2020년의 9.7%를 제외하고 나머지는 5% 내외였다. 그리고 2018, 2022년에는 마이너스 수익률도 기록했다. 국민연금공단의 전문 트레이더 300~400여 명이 머리를 싸매고 운용해 거둔 수익률이 이 정도이다. 과연 당신이 국민연금을 운용하는 전문가들을 이길 수 있을까? 이 정도면 지식과 정보력에서 불리한 평범한 개미들의 현실적인 목표수익률로 충분하다.

또 투자의 목적은 결국 보유한 현금의 구매력을 높이는 것이기 때문에 소비자물가지수도 좋은 기준이 될 수 있다. 마찬가지로 우리나라의 경제성장률이나 최저임금의 상승률 등을 기준으로 삼는 것도 좋다고 생각한다. 결국, 투자의 본질은 물건을 사는 것이니 내가 산 투자자산이 물가상승률 이상으로 오르는 것을 기준으로 잡는 것도 좋다.

만약 국민 평균 은퇴 나이인 50세에 운 좋게 10억 원의 돈을 모았다고 치자. 투자하지 않거나 투자수익률이 없는 해가 계속된다면 10억 원의 은퇴자금은 아래와 같이 구매력이 줄어든다.

물가의 상승에 따른 구매력 감소

연간 물가상승률	3%	5%	10%
은퇴 시점	1,000,000,000	1,000,000,000	1,000,000,000
2년 후	940,900,000	902,500,000	810,000,000
4년 후	885,292,810	814,506,250	656,100,000
6년 후	832,972,000	735,091,890	531,441,000
8년 후	783,743,360	663,420,430	430,467,210
10년 후	737,424,130	598,736,940	348,678,440

12년 후	693,842,360	540,360,090	282,429,540
14년 후	652,836,280	487,674,980	228,767,920
16년 후	614,253,650	440,126,670	185,302,020
18년 후	577,951,260	397,214,320	150,094,640
20년 후	543,794,340	358,485,920	121,576,650
22년 후	511,656,100	323,533,540	98,477,090
24년 후	481,417,220	291,989,020	79,766,440
26년 후	452,965,460	263,520,090	64,610,820
28년 후	426,195,210	237,826,890	52,334,760
30년 후	401,007,070	214,638,760	42,391,160
32년 후	377,307,550	193,711,480	34,336,840
34년 후	355,008,670	174,824,610	27,812,840
36년 후	334,027,660	157,779,210	22,528,400
38년 후	314,286,630	142,395,740	18,248,000
40년 후	295,712,290	128,512,160	14,780,880

물가상승률이 10%인 높은 인플레이션 시기일 때 투자를 망설이며 소중한 노후 은퇴자금 10억 원을 한 푼도 쓰지 않고 현금으로 가지고 있었다고 하면 6년 후 5억3,000만 원이 되어버리는 것과 같다. 단 6년 만 지나도 절반의 돈은 날아간 것이다.

구매력보나 좀 더 알기 쉬운 물가 상승에 따른 가격의 변화는 아래 표와 같다. 은퇴 후 월 생활비를 400만 원으로 정하고 퇴사하였다면 6년 후에는 800만 원의 생활비가 필요하게 되는 셈이고 40년 후에는 월

생활비로만 1억8,000만 원이 필요하다. 그때쯤이면 국민 평형 아파트의 가격도 360억 원쯤 되어있을 것이다. 실제로 10%에 달하는 물가 상승이 오래 이어지긴 힘들겠지만, 투자할 때는 최소한 그해의 물가상승률 이상 투자수익률을 올리는 것이 중요하다.

물가 상승에 따른 생활비의 증가

연간 물가상승률 10% 시	월 생활비	32평형 아파트	짜장면
은퇴 시점	4,000,000	800,000,000	7,000
2년 후	4,840,000	968,000,000	8,470
4년 후	5,856,400	1,171,280,000	10,249
6년 후	7,086,244	1,417,248,800	12,401
8년 후	8,574,355	1,714,871,048	15,005
10년 후	10,374,970	2,074,993,968	18,156
12년 후	12,553,714	2,510,742,701	21,969
14년 후	15,189,993	3,037,998,669	26,582
16년 후	18,379,892	3,675,978,389	32,165
18년 후	22,239,669	4,447,933,851	38,919
20년 후	26,910,000	5,381,999,959	47,092
22년 후	32,561,100	6,512,219,951	56,982
24년 후	39,398,931	7,879,786,141	68,948
26년 후	47,672,706	9,534,541,230	83,427
28년 후	57,683,974	11,536,794,889	100,947
30년 후	69,797,609	13,959,521,815	122,146
32년 후	84,455,107	16,891,021,396	147,796

34년 후	102,190,679	20,438,135,890	178,834
36년 후	123,650,722	24,730,144,426	216,389
38년 후	149,617,374	29,923,474,756	261,830
40년 후	181,037,022	36,207,404,455	316,815

　주식투자자는 변동성 높은 자산에 투자하고 있기에 지수 상승률을 목표수익률의 기준으로 삼는 것이 합리적이다. 국내증시에 투자하는 분이라면 코스피지수를 추종해도 좋고 미국증시에 투자하는 분은 다우지수를 추종해도 좋겠다. 일례로 워런 버핏의 '버크셔 해서웨이'는 자사의 투자수익률을 'S&P 500'과 비교하여 보여주곤 한다.

　중요한 것은 어느 정도의 기대수익률을 정해야 무리한 투자가 아닌지를 아는 것이다. 시장 상황과 관계없이 월 1%를 목표로 하는 사람은 커버드콜에 눈이 갈 것이고, 월 5%나 10%의 수익률을 노리는 사람은 좀 더 자주 매매할 수밖에 없다. 만약 그 이상의 수익률을 노린다면 대출로 시드를 불리고 파생상품이나 선물, 옵션 투자 등 고위험 상품에서 기회를 노릴 것이다. 각자의 목표수익률이 투자 스타일을 정하기 마련이다.

　나 같은 경우 코스피의 상승률에 배당수익률을 더해 연평균 8% 정도를 노리고 있다. 코스피를 기준으로 위험은 줄이고 이득을 늘이는 것을 목표로 한 해의 투자를 가늠하는 것이다. 물론 이 8%라는 기준은 많은 투자자들이 만족하지 못하는 수익률이다. 물에 미역 불어나듯이 돈이 늘어나는 걸 바라진 않아도 위험자산인 주식에 투자하는데 이 정도 수익률에 만족하긴 쉽지 않다.

하지만 배당주 장기투자는 부의 추월차선이 아니다. 길게 남은 투자 인생에서 10배, 100배 성장주는 한 번도 찾지 못할 것이다. 주식투자대회에 나가도 항상 중간 이하 성적일 것이다. 그래도 남은 투자 생애 동안 '깡통 계좌'라는 슬픈 일을 겪지 않고 꾸준히 자산을 불릴 수 있을 것이다. 잊지 말자, 배당주 장기투자는 안전한 '부의 서행차선'이다.

배당주와 비교할만한
고수익률 상품들

안정적 현금흐름을 위해 배당투자를 선호하는 투자자라면 채권투자도 비교하여 고려해볼 수 있다. 채권의 이율은 기본적으로 신용등급과 반비례하고 만기와 비례한다. 채권의 종류에 따른 구분은 대략 아래와 같다.

채권의 종류

구분	종류
발행처	국공채 : 정부, 지자체 금융채 : 금융기관 등 회사채 : 일반 기업
이자지급방법	이표채 : 일정 기간마다 이자를 나누어 지급 할인채 : 이자 대신 가격을 할인하여 판매 복리채 : 중간이자 없이 만기 시 원금과 이자 복리로 계산하여 지급
신용등급	투자적격등급 : AAA, AA, A, BBB 투자 요주의 등급 : BB, B, CCC 투자 부적격 등급 : CC, C, D ※ AA부터 B까지는 동일 등급 내에서 세분해 구분할 필요가 있는 　경우 '+' 또는 '−'의 기호를 부여할 수 있다.

채권투자의 경우 금리가 상승하면 채권가격이 내려가는 특성 때문에 저렴하게 살 수 있고 만기 시 수익률이 올라갈 수 있다. 고금리 상황에서 추후 금리하락을 예상한다면 채권투자를 고려해보는 것도 좋다. 신용등급과 발행처, 잔존만기, 수익률, 이자지급주기를 확인하여 증권사 프로그램을 통해 직접 매수할 수도 있고 직접투자가 부담스러운 분이라면 ETF를 통해 간접투자할 수도 있다.

채권 이자정보 예시

A-		
키움캐피탈160-2		
4등급(보통위험)		
이자지급주기		**3개월**
잔존만기		**1년**
세전은행환산수익률	(일반)	**연5.551%**
	(ISA비과세)	**연6.726%**
	(ISA9%과세)	**연5.971%**
A		
한국캐피탈510-1		
4등급(보통위험)		
이자지급주기		**3개월**
잔존만기		**11개월**
세전은행환산수익률	(일반)	**연5.311%**
	(ISA비과세)	**연6.414%**
	(ISA9%과세)	**연5.705%**

출처: 삼성증권

채권 이외에도 주식과 채권의 중간적 성격을 가진 '신종자본증권', 소액으로도 부동산에 투자해 수익을 올릴 수 있는 '리츠(REITs, 부동산투자신탁)', 기업의 인수합병 목적을 위한 '스팩(SPAC, 기업인수목적회사)'도 배당주와 수익률을 비교할 수 있는 좋은 투자처들이다.

PART
3

고배당주 투자는 아이러니하게도 배당만 노리는 투자가 아니다. 고배당 투자처는 미래에도 꾸준히 그 수익을 주주들에게 나눠줄 수 있는, 높은 실적과 성장성을 가진 튼튼한 기업이라는 의미다. 일시적인 배당락을 무서워하지 말자. 배당주 투자는 가격의 회복을 믿고 기업의 가치상승과 배당수익을 동시에 노리는 투자 방법이다.

배당투자자 쭈압의
5분 컷 종목분석법

그동안 내 유튜브 채널에 보유 종목을 꾸준히 공개하다 보니 종목 선정 방법과 매매기준을 궁금해하는 분들이 많았다. 사실 아무 생각 없이 매수한 것은 아니지만 그렇다고 깊은 분석을 통해 매매를 결정하지도 않는다. 핸드폰으로 5분 정도 '네이버페이 증권'의 정보만 훑어보고 결정하는 편이다. 애널리스트들의 깊은 분석이나 유료 정보도 확인하지 않는다. 컴퓨터에는 HTS도 없다.

그러다 보니 종목 선정에 대해 질문이 들어올 때마다 '저는 돈이 생기면 적당히 어림짐작으로 매매하고 있습니다.' 정도의 부실한 답변을 드리곤 했다. 말 그대로 정말 내 투자와 분석법에 나 혼자만 알고 있는 노하우나 꿀팁은 없다. 배당투자를 위한 종목분석은 기본적으로 책 앞부분에 설명한 몇 가지 기준만 확인해왔고, 지금까지 주식투자를 해오는 것에도 무리가 없었다. 하지만 분명히 어떤 생각과 기준을 가지고 매매해왔는지는 말해드릴 수 있다. 내가 종목을 고르는 방법을 참고하여 자신만의 기준을 만들 수 있기를 바란다.

내 포트폴리오에는 기업은행과 하나금융지주 두 종목이 가장 많은 지분을 차지하고 있다. 그만큼 오래 보유해왔고 괜찮은 수익을 달성할 수 있었다. 이 두 곳을 예로 들어 지극히 흔하고 평범한 개미투자자가 어떻게 살아남아 왔는지, 또 그 당시의 내 생각을 순서대로 말해보겠다.

우선 처음 투자를 시작하면 어떤 곳에 투자할지 알고 싶을 것이다. 국내 증시의 상장종목은 한국거래소의 '정보데이터시스템'에서 확인할 수 있다. 2024년 7월 8일 기준 코스피는 955종목, 코스닥은 1,741종목이다. 하지만 이 많은 종목을 일일이 분석하며 좋은 배당주를 찾는 건 시간 낭비다. 그리고 한국거래소의 자료는 채권이나 파생상품, 일반상품 등 배당주 투자와 거리가 있는 정보가 많아 확인하기도 힘들다.

쉽게 시작하려면 네이버에서 '배당주'를 검색해보자. 또는 네이버페이 증권의 '국내증시' 메뉴에서 배당을 선택하면 증시에 상장된 종목들이 배당수익률에 따라 정리되어있다. 기본적으로 핸드폰보다 PC에서 확인할 수 있는 정보가 훨씬 많으며, 미국이나 중국, 일본 등 다른 국가의 배당금 상위종목들도 확인할 수 있다. 이 중에 배당수익률이 적당한 종목을 하나 골라서 분석하고 매매를 결정하면 된다. 위에서 말한 나의 주력 종목인 기업은행을 예시로 매수의 결정 과정까지 알아보자.

네이버 증권 메인페이지

출처: 네이버페이 증권

네이버페이 증권의 배당 상위종목 리스트

종목명	현재가	기준월	배당금	수익률(%)	배당성향(%)	ROE(%)	PER(배)	PBR(배)	과거 3년 배당금 1년전	2년전	3년전
한국패러랠	249	23.12	2,168	870.68	-	-	-	-	390	90	235
예스코홀딩스	39,200	23.12	8,750	22.32	-	-	-	-	2,500	2,250	2,000
에이블씨엔씨	6,860	24.04	1,427	20.80	604.99	-	-	-	0	0	0
인화정공	10,940	23.12	2,250	20.57	-	-	-	-	0	0	0
NH프라임리츠	4,070	23.11	531	13.05	58.40	12.18	6.12	0.71	225	248	246
크래버스	17,590	23.12	2,000	11.37	-	-	-	-	1,800	2,000	800
마스턴프리미...	2,890	23.09	305	10.55	-73.35	-4.24	-13.64	0.60	111	-	-
한국쉘석유	240,000	23.12	25,000	10.42	86.95	-	-	-	18,000	19,000	14,000
케이탑리츠	979	23.12	95	9.70	-	-	-	-	108	38	77
미래에셋글로...	3,050	23.09	288	9.45	177.23	1.63	37.20	0.61	180	-	-

출처: 네이버페이 증권

　　네이버페이 증권에 들어가서 기업은행을 입력하면 주가 차트와 기본적인 투자정보를 확인할 수 있다. 우선 가장 기본이자 기업분석의 시작인 개요를 보자. 네이버가 제공하는 기업은행의 개요는 다음과 같다.

은행은 이해하기 쉬운 사업모델을 가지고 있어 이 정도만 확인해도 무난하다. 물론 업태에 따라서는 파악이 어려울 수 있으니 이때는 해당 기업의 홈페이지나 주식 담당 직원과의 통화 등 더 자세한 자료를 확인하는 것이 좋다. 나 같은 배당투자자가 종목을 고를 때는 보통 인터넷에 있는 정보 정도로 충분하다. 하지만 사업구조를 이해할 수 없는 기업이라면 투자를 피하는 것이 안전할 것이다.

    다음의 사진은 기업은행의 상세 투자정보다. 가장 먼저 주가와 전일 대비 가격 변동, 거래량, 거래대금이 눈에 들어온다. 나는 우측의 투자정보 중 시가총액을 중요시한다. 대형주의 경우 고평가로 인해 시가총액이 높아진 것일 수도 있지만, 보통은 시장의 관심이 높아 각종 뉴스와 보고서, 공시가 투명한 편이고 각종 지수편입 등으로 기관이나 외국인 투자자금이 들어오기도 쉬워 안정성이 높다.

기업은행의 상세 투자정보

출처: 네이버페이 증권

   하지만 시총이 작은 소형주는 작전세력의 표적이 되기도 쉽고 외부 변수에 취약하다. 또 회계나 공시, 내부자거래 등에서 신뢰도가 낮은 편이다. 시총이 500억 원 이하인 기업의 경우 수익구조도 취약하고 종업원 수도 적어서 상장기업의 의무를 다하기도 쉽지 않다. 기업은행의 경우 시총 10조 원 이상으로 코스피 35위이고 직원 수 17,000여 명 정도로 규모 면에서 나쁘지 않고 정보도 투명하게 공개되어 있다.

   시가총액 다음으로 확인하면 좋은 것은 '외국인한도주식수'다. 말 그대로 외국인이 매수할 수 있는 주식의 한도로, 원칙적으로는 외국인도 발행 주식의 100%까지 매수하는 것이 가능하다. 그러나 발전이나 통신, 국책사업 등 국가의 기반 사업이나 인프라는 외국자본의 지배를 막기 위해 취득할 수 있는 비율을 법률로 정해놓았다. 기본적으로 자본시장과금융투자업에관한법률 시행령에 해당 종목의 지분증권 총수의

100분의 40으로 취득한도를 넘을 수 없다고 되어있고, 자본시장법이나 공기업민영화법, 전기통신사업법, 방송법, 항공법 등 관련법령에 의해서도 한도가 제한된다. 또 종목에 따라 취득 한도가 다를 때도 있으나 보통은 50%를 넘지 않는다.

주식에 투자할 때 외국인소진율의 변동을 확인해 주가 예측에 참고하기도 한다. 장기투자는 단기투자와 다르게 소진율을 통한 외국인 수급의 예측에 민감하지 않지만 한 번쯤 확인해보는 것도 좋을 것이다. 이야기가 나온 김에 배당주 기업을 몇 개 더 알아보자.

SK텔레콤의 상세 투자정보

투자정보	호가 10단계
시가총액	11조 3,409억원
시가총액순위 ▸	코스피 33위
상장주식수	214,790,053
액면가 ∣ 매매단위	100원 ∣ 1주
외국인한도주식수(A)	105,247,128
외국인보유주식수(B)	92,155,566
외국인소진율(B/A) ?	87.56%

출처: 네이버페이 증권

위는 대표적 고배당주인 SK텔레콤이다. 상장주식 수의 49%인 105,247,128주가 취득한도다. 고배당과 꾸준한 실적으로 인해 투자 매력도가 높은 주식이다 보니 이미 87.56%의 높은 외국인소진율을 보여준다. 외국인이 SK텔레콤을 더 사고 싶어도 13,091,562주, 6,900억 원의 취득한도만 남아있다.

예전에는 배당 시즌이 될 때마다 고배당이 국부의 유출로 이어진다는 뉴스도 많이 나왔지만, 최근에는 해외투자로 높은 배당수익을 챙기는 개인투자자들이 많아져서 이런 기사는 보기 힘들어졌다. 대표적인 고배당주를 확인했으니 인프라 섹터에 해당하는 한국전력도 알아보자.

한국전력의 상세 투자정보

투자정보	호가 10단계
시가총액	15조 1,183억 원
시가총액순위	코스피 24위
상장주식수	641,964,077
액면가 | 매매단위	5,000원 | 1주
외국인한도주식수(A)	256,785,634
외국인보유주식수(B)	94,448,422
외국인소진율(B/A) ?	36.78%

출처: 네이버페이 증권

한국전력은 상장주식수의 40%가 취득한도다. 정부정책과 발전원가에 따라 실적변동이 심하고 배당률이 낮아서 외국인소진율이 낮은 상태다. 여러 문제가 있지만 우선 발전소 가동에 필요한 원자재 가격이 전기료에 반영되고, 정부의 정책 디스카운트가 줄어들면 충분히 주가 상승을 기대해볼 수 있다. 그때는 자연스럽게 외국인소진율도 올라갈 것이다.

고배당 금융 섹터 외국인소진율 비교

기업은행

투자정보	호가 10단계
시가총액	10조 9,726억원
시가총액순위 ▸	코스피 35위
상장주식수	797,425,869
액면가 ┃ 매매단위	5,000원 ┃ 1주
외국인한도주식수(A)	797,425,869
외국인보유주식수(B)	116,770,888
외국인소진율(B/A) ?	14.64%

하나금융지주

투자정보	호가 10단계
시가총액	17조 2,198억원
시가총액순위 ▸	코스피 20위
상장주식수	292,356,598
액면가 ┃ 매매단위	5,000원 ┃ 1주
외국인한도주식수(A)	292,356,598
외국인보유주식수(B)	205,558,870
외국인소진율(B/A) ?	70.31%

출처: 네이버페이 증권

같은 금융 섹터에 들어있는 기업은행과 하나금융지주도 비교해 보자. 금융업은 취득 한도가 제한되어 있지 않다. 기업은행의 외국인 지분은 14.64%이고 하나금융지주는 70.31%이다. 고배당으로 인해 매력이 높은 하나금융지주의 경우 외국인지분율이 상당히 높은 편이다.

기업은행 주요주주의 보유지분 비율

주요주주	보유주식수(보통)	보유지분(%)
⊟ 대한민국정부(기획재정부)	546,547,426	68.54
대한민국정부(기획재정부)	474,430,991	59.50
한국산업은행	57,405,282	7.20
한국수출입은행	14,711,153	1.84
국민연금공단	43,423,605	5.45
자사주	2	

출처: 네이버페이 증권

이제는 주요주주의 보유지분 비율을 확인하고 의미를 알아보자. 기업은행은 기획재정부가 지분의 59.5%를 보유한 최대주주며, 그 외 한국산업은행과 한국수출입은행, 국민연금공단이 15.3%를 보유하고 있다. 사실상 정부 소유가 74.83%에 달하기 때문에 외국인의 추가매수는 쉽지 않다. 이미 정부와 외국인의 보유지분을 합하면 90%에 달하기 때문이다. 나머지 10%의 상당 부분은 ETF나 장기투자자가 보유하고 있다고 생각하면 될 것이다.

일 거래내용을 보면 시총 대비 0.1%~0.3% 정도로 2,748,160주, 382억 원이다. 일별 거래량은 차이가 클 수 있으니 기간별 평균을 확인하는 것이 좋다. 많은 비중의 주식이 시장에 나오지 않아 거래량이 낮은 종목의 경우 적은 금액으로도 가격 급등락이 많아질 수 있어서 장점으로 작용할 수도 있지만, 환금성이 떨어질 정도로 거래량이 낮은

기업은행의 기타 정보

주가 / 전일대비 / 수익률	14,000원 / +370원 / +2.72%
52주 최고 / 최저	14,230원 / 9,520원
액면가	5,000원
거래량 / 거래대금	2,748,160주 / 382억원
시가총액	111,640억원
52주베타	0.64
발행주식수 / 유동비율	797,425,869주 / 31.37%
외국인지분율	14.74%
수익률(1M / 3M / 6M / 1Y)	+15.70% / +19.45% / +19.63% / +34.87%

출처: 네이버페이 증권

종목들, 우선주들은 자칫 작전세력의 표적이 되기도 해서 주의를 해야 한다. 개인적으로 기업은행처럼 회전율이 낮은 종목들을 선호하는 편이다. 참고로 한국의 대표종목인 삼성전자의 최근 일일 회전율은 0.2%p~0.3%p 정도이다.

발행주식수 대비 유동비율은 31.37%로 나와 있고 52주 최고/최저 주가와 1달, 3달, 6개월, 1년 전 대비 수익률을 알 수 있다. 하지만 이 정보는 투자 결정에 반영하기에는 어려운 면이 있어서 개인적으로 큰 의미를 두지 않는 쪽이다. 자칫 급등락한 수익률을 보고 성급히 매매할 수도 있으니 주의하여야 한다. 주식은 단지 주가가 올랐다는 이유로 팔 이유는 없다.

그리고 가치투자자에게 중요한 지표인 PER과 PBR을 확인해야 한다. 용어의 뜻은 앞서 설명했기 때문에 여기서는 주식시장에서 이 지표를 어떻게 사용하는지 알아보자. 먼저 91쪽의 [기업은행의 상세 투자정보]를 보면 기업은행의 PER은 3.82배이고 EPS(Earnings Per Share, 주당 순이익)는 3,599원이다. EPS는 한 주당 벌어들이는 순이익을 의미하니 13,750원짜리 주식 1개당 연 3,599원의 순이익이 나온다는 뜻이다. 그리고 주가를 EPS로 나누면 그 기업의 PER을 구할 수 있다(13,750/3,599 = 3.82). 기업은행은 3.82년이 지나면 시가총액만큼 순이익을 벌어들이는 것이다.

이 PER은 실적이 감소하거나 주가가 오르면 함께 높아진다. 저PER주 장기투자자의 경우 실적과 주가가 함께 오르는 것을 기대하고 투자하는데 실적이 감소하거나 주가가 급등하여 고PER주로 바뀌면 매도하기도 한다. 참고로 2024년 1월 기준 통계청의 국가통계포털 자료에 따르면 코스피의 PER은 18.33이고 코스닥의 PER은 97.96이다. '블룸버그'의 자료로 다른 국가들의 주식시장과 비교하면 안타깝게도 그다지 저평가로 보이지는 않는다.

주요국의 현행 PBR · PER(배)

구분		한국	대만	중국	인도	신흥평균	미국	일본	영국	선진평균
PBR	'23년말	1.05	2.41	1.13	3.73	1.61	4.55	1.42	1.71	3.10
	10년평균	1.04	2.07	1.50	3.32	1.58	3.64	1.40	1.71	2.50
PER	'23년말	19.78*	19.93	11.61	28.61	15.32	23.68	16.52	11.02	20.23
	10년평균	14.16	15.95	13.09	25.62	14.32	21.78	16.86	16.09	19.69

출처: 블룸버그 / * '23년의 경우, 분모(당기순이익)가 감소하며 높은 PER(시가총액/당기순이익) 기록

국내의 주식시장은 반도체 수출이 큰 영향을 미치기 때문에 삼성전자나 SK하이닉스 등 시총 1, 2위 대기업들의 별도 PER을 확인하면서 투자하는 것이 좋다. 삼성전자의 PER은 34.16, SK하이닉스의 PER은 16.08으로 두 기업을 제외하면 나머지 기업들의 평균 PER은 좀 더 낮아진다. 상대적으로 기업은행의 PER 3.82는 상당히 매력적인 구간으로 볼 수 있다. 내가 기업은행을 매수했을 당시의 PER은 4.41이었고 순이익이 이어지기만 해도 PER 6 이상은 충분히 인정받을 수 있는 가격대라고 판단했다. 참고로 PER은 실적변화에 따라 급격히 변하고 적자기업은 PER이 없으므로 반드시 다른 요소들을 함께 고려해 적정가격을 판단해야 한다.

다음으로 봐야 할 지표는 PBR이다. 91쪽의 [기업은행의 상세 투자정보] 속 기업은행의 PBR은 0.33배에 BPS는 41,100원이다. BPS(Book-value Per Share, 주당순자산가치)는 기업은행이 청산된다면 한 주당 받을 수 있는 가격을 의미한다. 위에서도 말했지만 PBR 1 이하라는 것은 청산가치만도 못한 가격이라는 의미다. 기업은행이 PBR 1이 되면 주가는 41,100원, PBR 1.3배가 되면 주가는 53,430원이 되는 것이다. 참고를 위해 다른 시총 상위종목 몇 가지의 현 주가와 PBR, BPS를 살펴보자.

2024년 2월 27일 기준 삼성전자는 72,900원, PBR 1.4에 BPS 52,002원이고, 'LG에너지솔루션'은 403,500원, PBR 4.6에 BPS 87,670원이다. 시총 상위주인 '삼성바이오로직스', POSCO홀딩스나 다른 종목들도 직접 확인해보자. 상식적으로 PBR은 1.0배 이상인 것이 맞다. 청산가치보다 낮게 거래되는 기업은 인수 후 청산해버리면 되기 때문이다.

하지만 기업은 진입장벽도 있지만 철수장벽도 존재한다. 청산가치가 기업 시총보다 높더라도 여러 가지 이유로 마음대로 청산할 수 없다. 한국전력 같은 기간산업이나 현대차 등 수많은 직원의 생계가 걸려있는 기업, 무엇보다 청산과 현금화 과정에서 추가비용을 감당하기 힘든 기업도 있을 것이다. 따라서 일반적으로 저PBR 기업이라고 해도 실제로 청산 과정에 들어가면 그 가치를 다 인정받지 못할 공산이 크다. 어쨌든 나는 기업은행의 PBR 0.33배는 높은 순자산 가치에도 불구하고 낮은 주가라는 판단을 내렸다.

배당: 기업이 이윤을 주주들에게 지분에 따라 분배하는 것으로 주식으로 배당하는 주식배당과 현금으로 배당하는 현금배당이 있다. 주주배당은 배당 횟수와 시기에 따라 기말배당(연배당 1회), 중간배당(반기배당 1회), 분기배당(분기 1회)으로 나눌 수 있다.

배당총액: 기업이 주주들에게 지급한 배당의 총액수이다. 현금·현물배당 결정 공시를 보면 쉽게 확인할 수 있다.

배당성향: 당기순이익 중 배당금 총액의 비율이다. 쉽게 말해 기업의 수익 중에서 주주에게 얼마큼 배당으로 지급했는지를 나타내는 비율이다.

시가배당률: 배당기준일로부터 2영업일 전부터 과거 1주일간의 종가의 평균가격을 기준으로 한 배당금의 비율이다.

배당수익률: 현 주가 대비 배당금의 비율로 주가 변동에 따라 계속 변하긴 하지만 흔히 시가배당률과 같은 의미로 사용되고 있다.

배당성장률: 배당을 전년도의 배당과 비교하여 성장한 비율을 말한다. 배당성향과 함께 주주환원의 중요 지표이다.

배당락: 기업이 배당한 뒤 줄어든 보유자산으로 인해 배당기준일 다음 날 기업가치가 떨어진 것이 주가에 반영되는 것으로, 배당을 받을 권리가 없어지는 날이 되면 배당금만큼 주가가 내리는 현상으로 이해하면 된다.

배당컷: 지난 배당 대비 배당금을 삭감하거나 지급하지 않는 것을 뜻한다. 배당금은 반드시 줘야 하는 것이 아니기에 기업은 실적 악화 등의 이유로 언제든 배당을 조절할 수 있다.

배당기준일: 배당 수령의 기준이 되는 날짜로 현금·현물배당 결정 공시에 나와 있는 배당기준일에 주식을 보유하고 있다면 배당을 받을 수 있는 권리가 생긴다. 주의할 점은 매매 이틀 후 실제 결제가 이루어지기 때문에 주주명부 기록을 위해서 배당기준일 2거래일 전에 매수하여야 한다는 점이다.

배당 지급예정일: 배당기준일의 주주들에게 배당을 나누어주는 날짜이다.

배당기산일: 각 주식에 대하여 배당금이 계산되는 최초의 일자를 말한다.

주당배당금(DPS): 회사가 주주에게 지급하는 이익 배당의 양을 주식 수로 나눈 금액으로 1주당 지급되는 배당금과 같다.

분기 균등배당: 배당총액을 기준으로 매 분기 균등한 금액을 배당하는 것을 뜻한다. 분기 배당금액과 기말 배당금이 균등하다.

차등배당: 주주 간 주당 배당 금액 또는 배당률에 차등을 두는 배당을 말한다. 주로 대주주에게 불리하게 차등을 두어 소액주주들을 우대하는 수단으로 사용된다.

재무제표가 알려주는
좋은 주식, 나쁜 주식, 이상한 주식

　PER, PBR만 보면 싼 주식을 찾는 건 쉽다. 하지만 주식투자가 그렇게 호락호락할 리가 있겠는가? 가치투자자가 항상 고통받는 이유 중 하나, '밸류트랩'이 있다. 분명 저평가된 가치주가 맞는 것 같은데 주가는 오르지 않거나 오히려 꾸준히 계속 하락하는 경우를 의미한다. 싸다고 덜컥 샀다가 투자금이 오랫동안 묶이면 고통스러울 것이다. PER, PBR가 낮은 것에는 이유가 있고 지금 주가가 저평가가 아니라 '제(대로) 평가'라고 볼 종목들도 많으니 밸류트랩 여부를 항상 주의해야 한다.

　실제로 고PER주에 투자하는 전략도 상당히 유용하다. 흑자전환 후 실적이 급격히 개선되는 종목들은 PER 500에서 다음 해에 PER 50, 그다음 해에는 PER 5 이런 식으로 급격히 낮아지는 경우가 많다. 이런 경우 PER 500에서부터 투자한 고PER주 투자자들이 높은 수익률을 얻을 수 있다. 높은 이익 성장이 예상될 때는 과감히 고PER주에 투자해도 된다. 미래의 PER은 점점 낮아지게 되고 주가도 오를 가능성이 커진다.

하지만 PER, PBR은 결국 과거의 자료일 뿐이다. 단순한 수치에 매몰되어 이 지표들을 맹신해선 안 된다. 이익이 늘지 않고 순자산만 늘어난다면 PBR은 낮아지겠지만 그렇다고 해서 주주에게 이득이 될 것은 딱히 없다. 순자산으로 배당을 하거나 신사업에 투자하지 않으면 저 PBR이란 이유로 주가상승이 일어나기는 힘들다. 이런 식의 밸류트랩을 피하려면 미래를 예상해보기 위한 노력이 필요하다. 함께 기업은행의 2018년~2022년 재무제표를 살펴보며 과거의 기록을 조금 더 확인해보자.

기업은행의 재무제표(2018년~2022년)

주요재무정보	연간				
	2018년 12월	2019년 12월	2020년 12월	2021년 12월	2022년 12월
매출액	155,279	169,382	185,746	174,917	275,361
영업이익	23,964	22,279	21,255	32,313	37,748
세전계속사업이익	23,995	22,402	20,869	33,179	37,408
당기순이익	17,643	16,143	15,479	24,259	27,808
자산총계	2,895,094	3,181,110	3,616,162	3,980,719	4,319,797
부채총계	2,684,153	2,953,344	3,364,738	3,705,381	4,028,691
자본총계	210,942	227,766	251,423	275,338	291,106
자본금	32,898	33,756	41,832	42,114	42,114
영업이익률	15.43	13.15	11.44	18.47	13.71
순이익률	11.36	9.53	8.33	13.87	10.1
ROE(%)	8.63	7.36	6.44	9.21	9.85
ROA(%)	0.63	0.53	0.46	0.64	0.67
부채비율	1,272.46	1,296.65	1,338.27	1,345.75	1,383.93

자본유보율	541.21	574.73	501.03	553.8	591.24
EPS(원)	2,666	2,393	2,005	3,032	3,478
PER(배)	5.27	4.93	4.41	3.4	2.82
BPS(원)	31,891	33,567	33,494	36,391	38,466
PBR(배)	0.44	0.35	0.26	0.28	0.26
현금DPS(원)	690	670	471	780	960
현금배당수익률	4.91	5.68	5.33	7.57	9.78
현금배당성향(%)	23.38	23.83	24.28	25.78	27.6
발행주식수(보통주)	559,978,815	577,156,979	738,664,360	744,300,587	797,425,869

기업의 1차 지표! 매출과 이익

우선 매출이다. 2018년 15조5,279억 원에서 4년간 77.3%의 매출 성장이 있었다. 21년에는 전년 대비 6% 정도 매출이 하락했으나 크게 신경 쓸 것은 아니다. 전반적으로 준수한 매출 성장이라고 볼 수 있다. 특히 인상적인 것은 코로나19 시기에도 매출의 감소가 일어나지 않은 것이다. 물론 금리 인상기에 은행의 매출 성장이 유리한 점은 감안해야 하지만, 그만큼 위기관리와 기초가 튼튼하다고 볼 수 있다.

다음은 영업이익과 당기순이익이다. 4년간 영업이익이 57.5% 성장했다. 매출보다 성장의 폭이 낮았지만, 이 정도의 영업이익 성장이 계속된다면 투자하기에 매우 좋은 기업이다. 당기순이익도 영업이익 증가에 따라 57.6% 성장했다. 자산이나 부채 등 자본도 매출과 순이익의 성장과 비례하여 무리 없이 늘어났다.

상식적으로 부채가 많거나 비중이 높은 기업은 좋지 않지만, 은행업의 경우 사업 특성상 고객 예치금 등 조달자금이 부채로 잡히기 때문에 다른 기업과 다르다. 보통 은행의 경우 부채와 매출액이 비례하며, 은행은 부채가 많을수록 돈을 벌 수단이 많은 것이라고 봐도 된다.

이제 이익률과 이익을 보자. 말 그대로 매출액 대비 이익의 비율과 금액을 뜻한다. 영업이익률은 매출액 대비 영업이익의 비율이고 순이익률은 매출액 대비 순이익이다. 간략히 차이점을 설명하자면 영업이익은 기업의 핵심 사업 활동에서 발생한 이익이고, 당기순이익은 기업 전체 활동에서 발생한 순수익이다. 영업이익에서 세금과 이자 비용 등을 감한 이익이 당기순이익이라고 보면 된다. 그래서 영업이익률보다는 이익률이 낮고 영업이익보다는 당기순이익이 적다.

둘 다 기업 성과 평가에 필수적이지만 주식투자자로서 당기순이익은 PER부터 배당금, 배당률 계산까지 더 넓게 사용할 수 있다. 다만 영업 이외의 일시적 이익까지 포함하는 당기순이익과 달리 기업의 핵심적인 영업 수익만 반영하는 영업이익을 확인하면 회사의 가치판단에 더 효과적일 수 있다. 나 같은 경우 두 가지 모두 확인하는 편이다.

위의 기업은행 재무제표를 계산해보면 순이익률 10.1%에 당기순이익 2조7,808억 원, PER 2.82다. 매출액과 순이익 등 실적이 계속 증가하고 있는데도 오히려 PER은 계속 낮아지고 있는 걸 볼 수 있다. 특별히 문제가 있는 게 아닌 이상 주가의 저평가가 점점 심해지고 있다고 봐도 좋은 상태다.

참고로 사업 형태에 따라 이익률이 실적을 크게 좌우하는 기업들의 경우 꾸준한 이익률을 지켜내는지 확인하는 것이 좋다. 예를 들어 한국가스공사 같은 경우 2조 원 중반대의 시총이지만 매출액은 50조 원 전후로 나온다. 높은 매출액으로 인해 영업이익률이 1%만 낮아져도 순이익은 5,000억 원이 줄어든다. 이런 기업들의 경우 영업이익률을 확인하는 것이 특히 중요하다. 영업이익률의 변화에 따라 PER의 변동이 극심해지게 되니 장기간의 PER을 확인하고 투자하는 것이 좋다.

워런 버핏이 사랑한 지표, ROE

그다음은 ROE(Return On Equity, 자기자본이익률)를 확인해보자. 당기순이익을 자기자본으로 나누어 계산할 수 있다(ROE = (당기순이익 ÷ 자기자본) × 100). 기업의 수익성을 알려주는 지표로 주주가 가지고 있는 지분에 대한 이익의 창출 정도를 나타낸다. 예를 들어 기업은행의 2022년 ROE 9.85%는 10억 원의 자본을 투자하여 9,850만 원의 이익을 얻은 것이다. ROE가 높을수록 영업 효율성이 높다고 볼 수 있고 기업 주가에도 많은 영향을 미친다. PER, PBR과 밀접한 연관이 있어서 ROE까지 3대 지표로 봐도 좋다.

PBR이 1에 수렴하는 한국증시가 저평가되는 이유도 코스피 기준 5%~8% 수준의 낮은 ROE 때문이다. 기업경영의 자기자본이익률이 고작 은행 예금 수준으로 나와서는 투자 매력이 없을 수밖에 없다. 해외 증시와 비교해보자면 미국증시의 ROE는 19.4%, 유럽증시 평균은 12%~13%, 인도증시는 12% 정도 된다.

참고로 미국 주요 기업인 '애플'의 ROE는 171.95%, '엔비디아'는 91.46%로 상당히 높다. 삼성전자는 7.81%로 낮은 편이다. 워런 버핏이

ROE가 최근 3년간 15% 이상인 기업에 투자하라고 말한 것을 생각하면 한국증시의 ROE가 과도하게 낮은 것을 알 수 있다. 물론 ROE가 높아도 주가에 반영되었을 수 있어 섣불리 투자해서는 안 된다. 다른 지표들과 함께 판단하여 투자를 결정해야 한다.

기업은행의 ROE 9.85%가 높은 편은 아니지만 다른 기업들과 달리 규제산업인 은행의 특성을 고려해야 한다. ROE와 비슷한 ROA(Return On Asset, 총자산 이익률), ROI(Return On Investment, 투자자본수익률)라는 개념들도 있다. 주식투자자로서 이 둘의 개념과 차이 정도는 알아두어도 좋겠지만, ROE 정도만 확인해도 투자에 큰 무리는 없다.

건강한 기업의 핵심, 부채와 자본유보율

다음으로 확인할 지표는 부채비율과 자본유보율이다. 부채비율은 회사의 자본 대비 총부채의 비율로 회사의 재무 건전성을 한눈에 알 수 있다. 일반적으로 부채는 낮을수록 좋고 궁극적으로는 무차입 경영도 가능하지만, 자기자본이익률이 높다면 부채를 이용해 기업 가치를 극대화할 수 있으니 나쁘게만 볼 수는 없다. 이런 사례의 좋은 예시는 애플이 있다. 애플의 부채비율은 180% 이상으로 절대로 낮지 않지만 높은 이익률도 가지고 있어 부채의 리스크가 희박하다.

반대로 자본유보율은 간단히 말해 얼마만큼의 현금을 보유하고 있는지를 알려준다. 자본유보율이 높은 기업은 신사업 등 성장에 필요한 자금을 쉽게 마련하고, 예상치 못한 상황에도 대응할 여유가 있다는 것이다.

그런 의미에서 고배당 경기민감주에 투자할 때는 자본유보율을 확인하는 것이 중요하다. 경기민감주는 외부 요인에 의한 실적변화가 심하지만, 만약 다량의 유보금이 있다면 실적이 부진해도 주주가치 제고를 위해 배당을 유지할 수 있기 때문이다. 앞에서도 설명했지만 기업은행 같은 금융업은 예금자들의 예금이 모두 부채로 잡히기 때문에 높은 부채비율과 낮은 자본유보율을 가진다는 것을 고려하자.

배당주 투자의 핵심, EPS와 DPS

이제 배당주 투자자가 재무제표에서 가장 중요하게 봐야 하는 EPS와 DPS를 알아보자. 위에서 간단히 본 것처럼 EPS는 주당순이익을 의미하며 기업은행의 EPS는 2020년의 코로나19 팬데믹을 고려해도 4년간 꾸준히 상승해 30.4%나 오른 것을 볼 수 있다.

DPS(Dividend Per Share, 주당배당금)는 주당배당금으로 2018년 690원 이후 670원, 471원, 780원, 960원으로 지급되었다. 배당도 주당순이익과 비슷한 비율로 39.1% 증가하였다. 주가 대비 배당수익률을 보면 2018년 4.91%에서 점점 증가하여 2022년 9.78%까지 올랐다. 4년간 배당증가율이 무려 99.1%에 달한다.

하지만 이런 높은 배당과 배당수익률, 배당증가율에도 불구하고 배당성향은 23.38%에서 겨우 4.22% 늘어난 27.6%에 불과하다. 배당 후 남은 72.4%의 이익금은 기업은행의 자산으로 들어가고 PBR을 낮추게 된다.

꾸준히 높은 주당순이익을 올리고, 이익에 비례해 배당도 늘어나고, 비교적 낮은 30% 이하의 배당성향으로 현금성 유보자산이 증가하는 데도 주가에 적절히 반영되지 못하니 PER과 PBR은 계속 낮아지고 시가 배당수익률은 계속 높아지는 상태이다.

내가 배당주를 고르는 최우선 기준이 이런 형태의 재무제표를 가진 기업이다. 배당성향을 보고 투자한다면 높은 배당성향의 기업을 중심으로 투자하는 것도 좋지만, 나 같은 경우 낮은 배당성향임에도 꾸준한 실적과 적당한 배당률을 유지하는 기업을 골라 배당성향 개선을 기대하며 장기 보유한다. 기업은행같이 이런 저평가된 기업의 주가가 계속 횡보한다면 결국 가치에 맞는 주가 상승이 일어난다고 생각해 과감히 매수한 것이다.

거기에 기업은행은 정부의 지분이 높아 고배당이 유지되는 것도 장점이었다. 차등배당이나 자사주매입소각 등 주주 친화 정책으로 주주환원 의지를 보여주는 기업은 주주들의 호응을 업고 주가가 상승한다. 같은 섹터의 다른 민간 금융주들은 이런 식으로 배당 외의 주주 친화 정책이 꾸준히 나왔으나, 정부의 지분이 높은 기업은행의 경우 이 부분은 기대할 순 없었다.

가치판단과 주가의 잡음, 주식발행

이제 발행주식수를 보자. 상장기업은 여러 방법으로 자금을 조달하지만, 가장 손쉬운 것은 외부조달이다. 우선 금융기관에서의 차입, 즉 대출이 있다. 대출한 자금은 기업의 부채로 잡혀 주가에 악영향을 준다. 거기에 상환 전까지 이자를 내야 해 기업의 자금 유동성이 악화한다.

채권을 발행해도 외부자금을 수혈할 수 있다. 돈을 빌린다는 점에서 대출과 비슷하지만, 만기와 원리금이 표시된 유가증권을 직접 발행하는 방식이다. 채권 만기에 따라 상환되며 차입과 마찬가지로 부채가 증가한다는 단점이 있다.

그리고 부채의 증가 없이 자금을 조달할 수 있는 유상증자가 있다. 주주배정방식, 일반공모방식, 제3자배정방식 등의 방법이 있고 각각의 특성에 따라 주주와 주가에 미치는 영향도 조금씩 달라진다.

먼저 주주배정방식은 기존 주주에게 신주인수권을 주는 대신, 추가 납입을 받아 증자하는 것이다. 그 회사의 전망만 좋다면 가장 좋은 방법이지만 그런 기업은 유상증자 이전에 튼튼한 재정을 확보했을 가능성이 높다.

다음으로 일반공모방식은 IPO(Initial Public Offering, 기업공개)와 비슷하게 회사의 주주가 아니라 대중에게 주식을 공모하는 것으로, 특히 기존 주주들의 격렬한 반대가 뒤따른다. 기존 주주들이 가지고 있는 주식의 가치가 떨어지기 때문이다. 보통 시가보다 낮은 공모가가 책정되며, 주가 또한 유상증자 공시 이후로 공모가 근처까지 하락하게 될 확률이 높다.

마지막으로 제3자배정방식은 경영진이 이해관계자나 특수한 제3자를 정해 이를 대상으로 신주인수권을 주어 유상증자하는 것이다. 기업으로서는 가장 간단하고 확실한 유상증자방법이지만 회사의 경영권 및 기존 주주의 권리를 크게 침해할 수 있기에 쉽게 할 수 없도록 되어있다.

몇몇 특수한 경우를 제외하곤 부채의 증가는 없지만 결국 낮은 가격에 주식을 신규 발행하는 것이기 때문에 주가 하락의 가능성이 크다. 주식발행으로 자금을 조달한다면 배당을 이자 지급, 주식소각은 대출 상환과 같은 성격으로 볼 수 있다. 그렇다면 이런 신주발행의 이슈를 어떻게 투자에 사용할 수 있을까? 나의 2020년 기업은행 투자사례를 통해 알아보자. 당시 기업은행은 주주배정방식을 통해 주주의 지분 희석을 최소화할 수도 있었다. 하지만 정부를 지정한 제3자배정방식을 택했고 이에 따라 큰 폭의 주가 하락이 발생해 기존 주주들의 원성이 높았다.

하지만 나는 유상증자 자금의 성격상 주식 수가 늘어도 기업 가치에는 큰 영향이 없을 것으로 생각했다. 시장의 공포 속에서 주가는 하락하고 시가보다 10% 이상 낮은 가격에 시가총액의 20%에 달하는 1조 2,000억 원의 정부배정 유상증자가 이뤄지겠지만, 정부가 충분히 수익성을 보장해 줄 것으로 생각했고 주가의 하락 요인은 미미하다고 판단했기 때문이다.

실제로 102쪽의 표에서 본 것처럼 다음 해 기업은행의 PER은 낮아졌고 EPS와 ROE, 주당 배당금은 더 늘어났다. 결국 가장 중요한 것은 결국 이익과 성장이다. 이익을 통한 재원이 있어야 배당과 주식소각이 기업 재무에 무리 없이 꾸준히 이루어질 수 있다.

또 기업은행 투자 시 고려했던 점은 2008년의 글로벌 금융위기에도 6개월간 1조3,000억 원 규모의 유상증자를 한 선례가 있었다는 것이다. 추가 유상증자가 일어날 수 있다는 불안감도 있지만, 국가채무 증가 등 예산 확보가 필요할 경우 기업은행의 배당이 정부 재원으로 요긴하게 쓰이기에 시중은행 대비 배당률이 낮지 않고 배당삭감 가능성도 적다는 장점도 있었다.

추가로 은행이나 증권사의 경우 회수 불가능 채권을 추산하여 대손충당금으로 적립하고 있다는 것을 기억하자. 분명 경기침체에 따라 늘어나는 대손충당금은 장부상 손해로 기록되어 주가를 떨어트린다. 하지만 경기가 살아나고 부실채권의 회수가 늘어날수록 대손충당금의 이익이 환입되며 실적개선을 통해 높은 주가 상승을 보일 때도 있으니 금융업 투자 시 대손충당금 부분도 참고하면 좋다.

손쉽게 맛있는 종목을
사 먹는 방법

주식투자를 위한 기업분석은 단순히 앞의 설명처럼 기본 재무제표를 보고 분석하는 정도로 끝나지 않는다. 이제 더 나아가 매출구조와 시장점유율, 자산분포와 재고, 수익과 원가분석, 주요 사업의 전망, 지배구조와 경영진의 능력 등 많은 것들을 함께 확인할 필요가 있다.

그러면 여기서 끝인가? 아쉽게도 그렇지 않다. 분석한 기업이 속해있는 계(界)를 봐야 한다. 계에 대한 이해가 없다면 아무리 자료를 꼼꼼히 조사해도 결국 보석을 감싼 돌덩이만 연구한 것과 같다. 그러면 우리가 예시로 삼은 기업은행이 속한 계는 어디이며 어떤 것을 확인해 봐야 할까?

매크로 지표님, 제 달걀 바구니를 받아주세요

우선 경쟁사나 동종업종의 재무제표부터 해외 주요국의 동종 섹터, 다른 배당주 섹터와 해당 종목들도 확인할 필요가 있다. 또 주식에서 눈을 돌려 채권이나 부동산 같은 다른 투자처와 금리와 환율, 유가, 해외의 정치경제 상황 등 매크로 요인까지 봐야 한다. 아무리 좋은 기업이더라도 경기침체나 전쟁, 전염병 등의 큰 변수에는 영향을 받을 수밖에 없다. 모든 것은 매크로 지표의 손바닥 안에 있다고 봐도 과하지 않다.

하지만 이렇게 수많은 지표까지 충분히 반영하여 저평가된 종목을 찾았어도 무언가 석연치 않은 점이 남게 마련이다. 이렇게 싼 주식인데 왜 사람들은 사지 않는 걸까? 나는 싸다고 생각하는데 남들이 그렇게 생각하지 않는 이유는 무엇일까? 투자하기 전 저평가의 이유가 무엇인지 생각해보았는가?

수없이 많이 고민하더라도 당신이 놓친 저평가의 이유는 분명히 있다. 세상에 나보다 고수는 우글우글하게 많다. 그리고 아무리 고수라 하더라도 완벽히 종목을 분석할 수는 없다. 주식시장은 수많은 전문가조차 사기꾼 취급받기 일쑤이다.

누구나 알다시피 주식시장은 복잡계의 성격이 강하다. 인간의 능력으로 완벽히 파악하기 힘든 구조이다. 정답이 없다. 그렇기에 오히려 나같이 단순계로 접근하는 투자자에게도 기회가 있다고 생각한다. 좋은 주식 종목을 고르는 것은 짜장면을 사 먹는 것과 비슷하다.

맛있는 짜장면을 사 먹으려면 어떻게 해야 할까? 유명 중국집들을 검색한 후 후기와 사진, 가격을 보고 몇 곳으로 압축하여 그중 한 곳을 선택해 사 먹으면 된다. 당연히 광고 또는 실제와 다른 후기에 속을 수도 있고, 직원의 불친절 등 부족한 선택을 할 가능성도 있다. 하지만 그렇다고 해서 밀가루와 재료의 원산지, 사장과 주방장의 나이, 학력, 가족관계 등등 속속들이 다 자료를 수집하고 분석할 수는 없는 노릇이다.

그리고 당신이 어떤 행사를 맡아서 짜장면 한 그릇이 아니라 10만 그릇을 점심으로 준비해야 한다고 해보자. 이럴 땐 어떻게 할 것인가? 최악의 가게로 보이는 한 두 곳을 제외하고 근처의 모든 중국집을 다 동원하여 골고루 나눠서 주문하는 방법이 가장 무난할 것이다. 주식으로 치면 섹터별 관련 종목이나 국가별 주요 종목들을 모두 사버리는 '바스켓 매매'가 이와 비슷하다고 봐도 될 것이다. 실제로 기관이나 외국인 투자자들이 흔하게 사용하는 매매 방식이다.

개인투자자로서는 KODEX 200이나 S&P 500 등 지수를 추종하는 ETF를 적립식으로 모아가는 투자도 바스켓 매매와 마찬가지다. 기업 이름도 모르고 종목분석도 안 하는 묻지마 투자법임에도 우수한 장기 성과를 보여주는 이유다. 깊은 분석과 연구는 투자에 큰 도움이 되지 않고 오히려 해가 되는 경우도 많다. 우리가 반도체를 아무리 연구해도 삼성전자나 TSMC 직원들보다 잘 알 수는 없다. 차라리 여러 종목으로 분산 투자해 리스크를 줄이는 것이 현실적이다.

글로 읽어보면 어렵고 길어 보이지만 사실 어렵지 않은 지극히 기초적인 내용이다. 위 내용 정도만 확인하고 5분 정도의 시간만 들이면 종목분석은 충분하다. 더 깊게 들어가면 회계의 영역이다. 이제 위에서 기업은행과 비교했던 동종업계 하나금융지주의 재무제표도 확인해보자.

그리고 과연 두 기업 중 어떤 기업이 더 좋은지 직접 분석해 보자.

하나금융지주의 주가 변동

하나금융지주의 재무제표

주요재무정보	연간				
	2018년 12월	2019년 12월	2020년 12월	2021년 12월	2022년 12월
매출액	325,159	383,815	482,160	416,778	708,438
영업이익	31,522	32,587	38,364	46,311	46,903
세전계속사업이익	31,497	34,081	37,292	49,049	49,441
당기순이익	22,752	24,256	26,849	35,816	36,212
자산총계	3,850,086	4,214,671	4,609,470	5,024,453	5,688,732
부채총계	3,579,002	3,924,823	4,293,468	4,669,459	5,314,543
자본총계	271,085	289,848	316,003	354,993	374,189
자본금	15,012	15,012	15,012	15,012	15,012
영업이익률	9.69	8.49	7.96	11.11	6.62
순이익률	7	6.32	5.57	8.59	5.11
ROE(%)	8.88	8.77	8.96	10.86	10.06
ROA(%)	0.61	0.6	0.61	0.74	0.68
부채비율	1,320.25	1,354.10	1,358.68	1,315.37	1,420.28
자본유보율	1,705.77	1,850.74	2,024.97	2,284.70	2,402.57
EPS(원)	7,457	7,966	8,784	11,744	11,949
PER(배)	4.86	4.63	3.93	3.58	3.52
BPS(원)	88,026	96,461	105,341	117,363	124,935
PBR(배)	0.41	0.38	0.33	0.36	0.34
현금DPS(원)	1,900	2,100	1,850	3,100	3,350
현금배당수익률	5.24	5.69	5.36	7.37	7.97
현금배당성향(%)	25.54	25.78	20.45	25.63	27.5
발행주식수(보통주)	300,242,062	300,242,062	300,242,062	300,242,062	295,903,476

출처: 네이버페이 증권

하나금융지주와의 비교가 끝났다면 섹터와 종목, 국가로 조금씩 크기를 키워가며 비교하는 것도 좋다. 당신은 어떤 종목에서, 어떻게 좋은 배당주를 고를 것인가? 주식 매매를 결정하기 전에는 최소한 이 정도의 비교는 미리 해봐야 실패를 줄일 수 있다.

그리고 다른 종목들과 비교할 때는 개별종목 분석과 마찬가지로 최근 5년~10년간의 이익 성장, 배당률, 배당성장, 배당성향 등을 반드시 확인해봐야 하고 개별종목만의 이슈나 장단점, 국가별 차이점도 고려해야 한다.

글로벌 금융섹터의 비교

종목명	PER(배)	PBR(배)	배당 수익률(%)	구분
기업은행	4.09	0.36	6.68	국내 금융주
하나금융지주	4.78	0.44	5.71	국내 금융주
KB금융	6.28	0.49	4.18	국내 금융주
BNK금융지주	3.62	0.25	6.51	국내 지방 금융주
SK텔레콤	10.53	0.98	6.73	통신주
S-oil우	5.65	0.64	3.50	정유주
미래에셋증권2우B	5.45	0.21	3.92	증권주
삼성전자우	29.47	1.21	2.30	대형주
현대차2우B	3.61	0.45	7.32	대형주
맥쿼리인프라	16.32	1.88	6.09	인프라 배당주
SK리츠	60.63	0.89	7.44	리츠주
제이피모건	11.79	1.66	2.23	미국 금융주
뱅크오브아메리카	11.53	0.98	2.67	미국 금융주
도이치뱅크(DBK)	5.11	0.38	3.39	독일 금융주
미쓰비시(MUFG)	10.67	0.97	1.05	일본 금융주

＊국내종목의 시점 2024년 03월 / 해외종목의 시점 2023년 12월 기준)

내가 본 뉴스는
모두가 본 뉴스?

개인투자자가 기업을 분석할 때 참고하는 중요한 도구는 무엇이 있을까? 누구나 쉽게 접하는 정보라서 특히 많은 영향을 받는 것, '뉴스'가 바로 그 주인공이다. 우선 내가 기업은행 배당주를 매수한 후 투자 기간에 나왔던 관련 뉴스 몇 가지를 함께 읽어보자.

Business Post	2020. 3. 6.

기업은행 목표주가 낮아져,
"유상증자로 주가 희석 발생"

출처: 비즈니스포스트

기업은행이 유상증자를 결의한 다음 날의 뉴스 헤드라인이다. 코로나19 팬데믹이라는 초유의 사태에 따른 추가경정예산안에 기업 지원을 위한 초저금리 대출 관련 내용이 담겨있었고, 이에 따라 유상증자가 숨 가쁘게 이어졌었다. 그러자 증권사들은 정부의 지분이 높은 기업은행의 목표주가를 5%가량 낮췄다. 제3자배정유상증자 시행에 따른 주가 희석 및 배당 매력의 저하가 목표주가에 반영된 것이다. 국책은행의 디스카운트 요인에 의해 금융주 내 가장 낮은 추천 종목으로 분류되었다.

일요신문 🌀   2021. 7. 21.

미국 법원 'IBK기업은행 상대 6조 원대 소송' 한국 법원서 진행 명령

출처: 일요신문

주케냐·탄자니아 미국 대사관 테러 사건 피해자들은 이란 정부가 배상 책임을 이행하지 않자 기업은행을 상대로 동결된 이란의 원유 수출 대금을 지급해달라는 소송을 이어갔다.

한국경제   2022. 9. 30.

강원도 "레고랜드 빛 못갚겠다"… 부동산 PF 시장으로 불똥 튀나

출처: 한국경제

강원도가 강원중도개발공사에 대해 법원 회생 신청을 결정하면서 보증 채무 2,000억을 미상환한 사태가 발생했고 지방자치단체의 보증도 믿을 수 없는 상황은 그 파급효과가 컸다. 채권시장 전체로 충격이 전이되어 특히 증권사들과 건설사들의 타격이 컸다.

나이스경제
NICE ECONOMY

2023. 2. 14.

대통령의 '관치' 지시에도
할 말 없는 은행들

출처: 나이스경제

당시 언론은 고금리 상황에 순이자마진 개선으로 은행들의 실적이 급증하자 은행이 손쉬운 돈놀이로 서민의 고혈을 빨아 배당과 성과급으로 도를 넘은 돈 잔치를 한다고 비난했다. 급기야 대통령이 금융위원회에 방안 마련을 지시하는 상황까지 벌어졌다. 관치 논란에도 불구하고 여론은 은행을 비난하는 쪽으로 흘러갔고 국회에서는 은행의 경쟁 체제 강화 및 특별대손준비금 확충, '횡재세(windfall tax)' 도입 등 수익을 제한하는 쪽으로 입법하려고 움직였다.

연합뉴스TV

2023. 3. 10.

실리콘밸리은행 초고속 파산…
美금융권 우려 확산

출처: 연합뉴스 TV

미국의 연방준비제도의 가파른 금리 인상과 주거래처인 실리콘밸리 소재 기업들의 펀더멘털 약화, 투자 손실 등을 이기지 못하고 미국의 은행업계 16위인 실리콘밸리 은행이 파산했다. 금융주는 특성상 글로벌 연동성이 높아서 국내 주식시장의 금융주에도 큰 악재로 작용할 수 있었다. 2008년의 '리먼 사태'를 떠올리며 우려하는 목소리도 있었지만 다행히 소강상태로 돌아섰다. 하지만 아직도 불씨는 남아있다.

 news

2023. 11. 1.

'이자장사 논란' 은행권 도마에…
'횡재세' 논의 재점화

출처: JTBC news

정치권을 중심으로 은행들의 이익 출연을 강요하는 사회적 분위기가 높아졌고, 법률 개정과 횡재세 신설을 통해 얻은 예산을 금융 취약계층과 소상공인 등 금융소비자를 위해 써야 한다는 내용이다.

실제로 은행권은 기사 발행일 기준 4년 전부터 서민금융지원 등을 목적으로 법정 부담금과 특별 출연금, 사회공원 관련 등으로 26조 원을 내놓았으나, 입법을 통해 이런 기조를 더 강화해야 한다는 뉴스였다.

머니투데이
2024. 3. 6.

금감원, 홍콩 ELS 불완전판매 금융사에
1조 원 이상 과징금 검토

출처: 머니투데이

금융감독원이 홍콩 H지수 주가연계증권을 판매한 금융회사에 불완전판매를 이유로 최소 1조 원에서 최대 3조 원 수준의 과징금을 검토하고 있다는 뉴스였다. 역대 최대규모의 과징금 규모이고 금융주에는 큰 악재가 분명하다. 쟁점은 불완전판매인데 ELS 상품 자체를 문제 삼는 여론까지 있는 상태이고 추후 은행의 수익모델 개발에도 높은 제한이 생길 수밖에 없다. 뉴스 이후 곧 불완전판매에 대한 분쟁 배상안이 발표되었다.

이데일리
2024. 3. 15.

배당소득세 내린다…
금융위, 밸류업 인센티브 확정

출처: 이데일리

금융위원회 부위원장이 블룸버그와의 인터뷰 중 기업 밸류업을 위한 방안으로 배당금에 대한 배당소득세를 완화해준다는 내용이었다. 실제로 국내의 주식투자자들은 오랫동안 금융소득종합과세에 따른 누진세, 건강보험료 등의 문제 때문에 분리과세와 장기투자 혜택 등을 꾸준히 요구하고 있었다. 하지만 파급효과가 큰 세제 관련 개편이어서 사회적 공감대가 필요하다는 난관도 있다.

위의 기사들은 약 4년 동안 금융주에 투자해온 투자자가 관심을 두고 바라본 헤드라인들이다. 이 책을 읽는 여러분들도 아마 읽었거나 최소한 전해 들었을 뉴스들로, 실제로 시장과 여러분의 판단에 영향을 미쳤을 것이다.

그만큼 우리는 투자할 때 알게 모르게 뉴스의 영향을 많이 받는다. 지극히 간단한 재무제표 분석과 보도자료를 결합했을 뿐인 가공된 뉴스만 보고 충분히 투자종목을 분석했다고 착각할 수도 있다.

분명히 더 건강한 투자를 위해 뉴스를 참고하는 것은 필요하지만 주의할 점도 많다. 우선 뉴스의 사실 여부다. 실수로 인한 오보가 있을 수도 있고 조회수를 위해 자극적인 제목을 적은 기사는 검증 여부를 알 수 없는 것들이 많다.

다음은 뉴스의 의도이다. 대부분의 뉴스들을 자세히 읽어보면 발로 뛰어 심층 취재한 것보다 뉴스에 등장하는 기업에서 제공한 보도자료를 그대로 옮겨놓은 수준에 불과한 것들이 많다. 상대가 보여주고 싶은 것만 보면 판단에 혼선이 생길 수 있다.

또 기자의 전문성을 의심해봐야 한다. 취재의 한계도 있거니와 기자의 주관적 의견이 과하게 들어가 있을 수도 있다. 이렇게 뉴스의 신뢰도를 의심하다 보면 끝이 없다.

그렇다면 정확하고 믿을만한 뉴스만 받는다고 가정해보자. 하지만 아직 중요한 문제가 남아있다. 바로 내 분석 능력이다. 아무리 중요한 정보를 말해줘도 과연 내가 그 뉴스를 빠르고 정확하게 분석해서 투자에 활용할 수 있을까? 같은 뉴스를 보여줘도 어떤 사람은 호재로 해석하고 다른 사람은 악재로 받아들인다. 해석이 달라지는 경우는 흔하다. 게다가 반도체나 바이오 섹터같은 전문 분야의 뉴스는 그 분야의 전문가가 아닌 이상 완벽히 이해하기도 힘들고 해석한 정보를 투자에 연결하기도 힘들다.

그리고 언제나 따라다니는 선반영도 문제다. 내가 지금 본 속보 뉴스는 결국 전 세계 사람들이 다 아는 정보고, 모두가 뉴스에서 다음 주로또 당첨 번호를 본 것이나 마찬가지인 셈이다. 로또 당첨 번호도 그렇지만 뉴스는 나오는 순간 이미 효용을 잃는다. '소문에 사고 뉴스에 팔아라'라는 투자 격언까지 있으니 뉴스 속 정보는 신선하지 않다는 것을 명심하자.

심지어 한참 뒤에 반영되는 뉴스들도 많다. 2007년 서브프라임 모기지 사태로 전 세계 주가가 폭락하였을 때, 이를 경고하는 뉴스들은 이미 6개월~1년 전부터 꾸준히 나왔었다. 또 다른 예시로 위의 횡재세 관련 뉴스를 보자. 당시 쏟아졌던 관련 뉴스와 댓글들을 보면 은행을 향한 여론의 집중포화나 은행이 서민의 고혈을 빨고 있다는 대통령의 발언까지 등장했었다.

그렇다면 투자자로서 이런 뉴스들을 어떻게 해석해야 할까? 우선 뉴스에는 호재와 악재가 공존하고 있다. 호재는 은행이 이자를 통해 엄청나게 돈을 벌고 있다는 것이다. 그리고 악재는 정치권에서 이 이익을 은행이 모두 가져가도록 하지 않는다는 것이다. 이 호재와 악재를 양손 저울에 올렸을 때 어느 쪽으로 기울어지는지, 또 선반영의 여부와 정도를 판단하여 매매를 결정해야 한다. 절대 쉽지 않은 일이다. 금융 관련 뉴스를 하나 더 확인해보자.

🍏 조세금융신문   2023. 12. 27.

"내부통제, 쇠귀에 경 읽기"…
경남은행, 前지점장 장모명의 불법차명계좌 적발

출처: 조세금융신문

BNK금융지주의 자회사인 BNK경남은행에서 3,000억 원 규모의 PF 대출금 횡령 사고가 발생하고, 이것도 부족한 듯 직원의 불법 차명거래, 사모펀드 불완전판매 등 불법행위가 이어져 금융감독원의 제재를 받았다. 과연 위 뉴스에서 호재는 무엇이고 악재는 무엇일까? 그리고 주가에는 어떻게 반영되었는지 당시의 BNK금융지주 주가 변화를 직접 확인해보자. 추가로 다른 종목의 뉴스 헤드라인도 몇 개 더 알아보자.

고속도로 등 국내 인프라 투자를 통해 매년 수천억 원의 이자수익과
운영수익을 가져가는 맥쿼리인프라에 대해 국부유출 논란에 정치권 비
리 의혹까지 더해져서 연일 비판하는 뉴스가 쏟아졌다. 당시에 맥쿼리
의 높은 수익률이 직접적으로 알려졌음에도 단지 비난만 했을 뿐, 투자
의 기회라고 생각하지 못한 것이 아쉬울 뿐이다. 이후 맥쿼리는 꾸준한
고배당과 함께 3배가량의 주가 상승이 이루어졌다.

SK하이닉스 중국 우시 반도체 공장의 화재로 세계 D램 공급량의 최
대 15%가량, 한 달 이상의 납기 지연이 예상된다는 뉴스다. 우시 공장

은 SK하이닉스 전체 D램 매출의 절반을 담당하는 곳으로 SK하이닉스의 실적에 제동이 걸릴 것이라고 우려하는 뉴스도 많았다. 과연 이후 주가는 어떻게 되었을까? 시장은 D램의 공급 차질을 우려해 경쟁사인 마이크론의 주가는 5% 이상 급등했고 SK하이닉스의 주가도 연일 상승했다.

공매도와 작전 세력,
그리고 배당투자자

배당주 투자자는 공매도 투자자와 비슷하다. 배당주 투자자의 종목 선정은 앞에서 말한 방식으로 기업과 시장을 분석한 후 저평가 종목들을 고르고 거품이 낀 종목을 배제한다. 이익과 배당이 나쁜 종목들을 우선 제거하고 남은 종목에 투자하는 것이다. 이렇게 과대평가 된 종목들만 피해도 괜찮은 장기수익률을 기대할 수 있다.

이제 자신이 공매도 투자자라고 생각해보자. 공매도 투자자에게는 장기간 적자 또는 낮은 실적에 배당도 미미하고, 딱히 신규사업도 없는데 주가는 꾸준히 올랐거나 단기 과열된 기업이 좋은 공매도 조건을 갖춘 종목일 것이다.

그렇다면 배당주 투자자에게 이 주식은 어떤 의미일까? 평소에는 투자하지 않는 종목이겠지만 공매도 투자자나 기관이 매도하며 급격하게 주가가 하락해 적정 주가 이하가 되는 순간을 저가매수의 기회로 삼을 수 있다. 배당주 투자자는 보유 종목의 실적, 그리고 배당에 이상이 없다면 주가의 하락에 신경 쓸 필요가 없다. 오히려 공매도 투자자가 원한다면 기꺼이 그들에게 주식대여를 통해 주가 하락에 힘을 실어줘도 좋을 것이다.

개인투자자 대부분은 공매도에 대해서 복잡한 시선을 보내지만, 개인적으로는 공매도 투자도 시장에 필요하고 또 좋은 투자 방법이라고 생각한다. 주가의 과열을 막아주어 시장의 균형을 맞추는 순기능으로 동작하기도 하고 투자자로서 공매도의 단점도 잘 이용하면 그만이다.

물론 정부는 급격한 경기침체나 주가의 하락으로 증시 부양이 필요하다고 판단하면 일시적으로 공매도 금지 조치를 시행하기도 한다. 만약 공매도 금지 조치를 통해 주가가 부양된다면 그것도 또 나쁘지 않다. 공매도 투자자로서는 금지 기간이 끝나면 다시 좋은 공매도 종목들을 찾을 수 있고, 배당주 투자자도 저점에 매수할 종목을 찾아낼 수 있다.

그렇다면 배당주 투자자와 작전 세력, 공매도 투자자가 같은 종목에서 만난다면 어떻게 될까? 2019년부터 2022년 4월까지 이어진 이른바 'SG증권발 주가조작 사건'을 떠올려보자. 작전 세력이 CFD(차액결제거래) 계정을 이용한 통정매매 수법으로 7,300억 원이라는 사상 최대의 부당이득을 취한 사건이다. 당시 주가조작에 이용된 8종목이 연달아 최대 다섯 번의 연속 하한가를 맞고 8조 원이라는 어마어마한 시가총액이 날아갔었다. 그러면 당시 해당 종목 중 몇 개와 이후 발생한 주가조작 사건의 주역 영풍제지의 5년간 재무제표를 확인해보자.

서울가스의 재무제표, 주가 그래프

서울가스	2020. 12.	2021. 12.	2022. 12.	2023.
PER	3.45	100.85	120.18	14.72
PBR	0.34	0.63	1.57	0.21

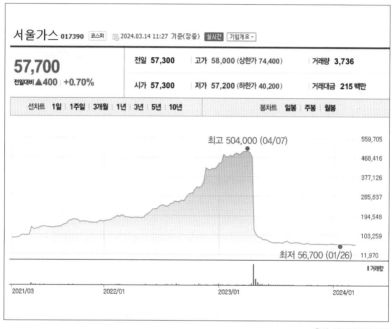

출처: 네이버페이 증권

대성홀딩스의 재무제표, 주가 그래프

대성홀딩스	2020. 12.	2021. 12.	2022. 12.	2023.
PER	9.34	45.28	486.69	1.03
PBR	0.87	1.61	3.68	0.36

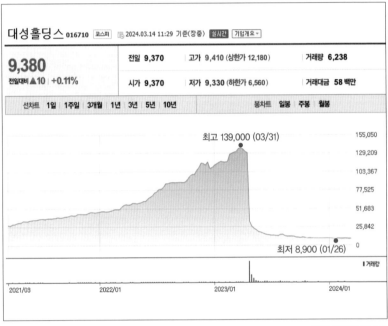

출처: 네이버페이 증권

삼천리의 재무제표, 주가 그래프

삼천리	2020. 12.	2021. 12.	2022. 12.	2023.
PER	10.33	6.19	32.19	4.79
PBR	0.22	0.23	0.95	0.22

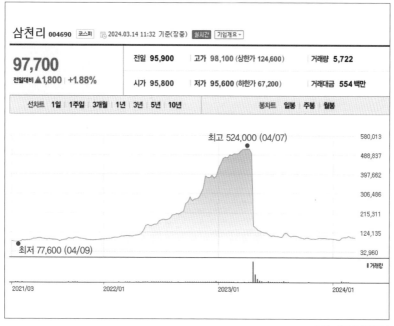

출처: 네이버페이 증권

선광의 재무제표, 주가 그래프

선광	2020. 12.	2021. 12.	2022. 12.	2023.
PER	26.21	15.95	61.06	5.63
PBR	0.51	1.03	2.28	0.29

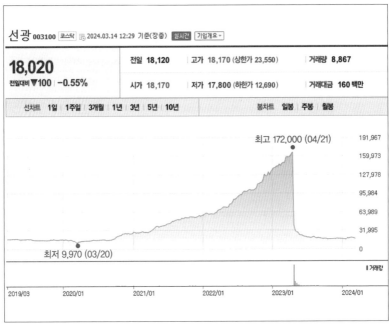

출처: 네이버페이 증권

영풍제지의 재무제표, 주가 그래프

영풍제지	2020. 12.	2021. 12.	2022. 12.	2023.
PER	16.60	26.50	34.49	20.56
PBR	1.02	1.16	1.83	0.71

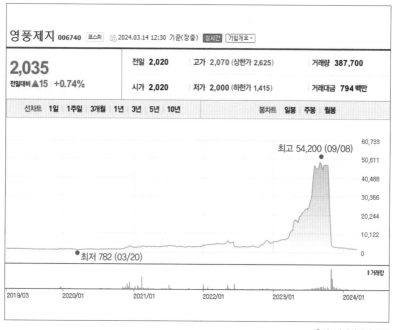

출처: 네이버페이 증권

우선 배당주 투자자는 기본적으로 재무제표와 펀더멘탈을 보고 가급적 낮은 가격에 사려고 노력할 것이다. 괜찮은 주가와 배당이라고 판단하면 매수한 뒤 오랫동안 보유한다. 주가가 오르지 않아도 꾸준한 이익과 배당만 있다면 괜찮다.

만약 보유 중에 주가가 낮아지면 추가매수로 평단가를 꾸준히 낮추겠지만 자신이 정한 기준보다 주가가 급등하거나 실적보다 주가가 높다고 생각하면 적당한 선에서 미련 없이 매도한다. 명확한 이유를 몰라도 주가의 상승은 그저 고마울 따름이다.

그리고 이 주가 상승이 작전세력의 의도라면 분명 어느 지점에서 급락하겠지만 그 시점에는 이미 배당주만의 매력이 없어져 주식을 매도했을 것이다. 배당주 투자자는 작전 세력의 의도적 하락에서 안전한 것이다.

또 작전 세력은 공매도의 가능성이 보이면 적극적인 공매도 세력으로 돌변해 주가를 급락시키며 추가수익을 노릴 것이다. 그렇다면 급락하는 주가는 언제쯤 멈출 것인가? 위에서 예로 든 작전주들을 자세히 살피면 어느 선에서 주가 급락이 멈췄는지, 그 기준은 무엇이고 매수해도 좋은지 어느 정도 보일 것이다.

결국 배당주 투자자는 투자할 종목이 실적과 배당에 맞는 좋은 가격대에만 들어오면 작전주던 급락주던 신경 쓰지 말고 적정선에서 매수하면 된다. 오히려 저평가주를 찾아 꾸준히 장기 투자하는 처지에서는 내가 보유한 종목에 들어온 공매도 투자자도 고맙고 작전 세력도 고맙고 큰 고민 없이 매수하는 개인투자자도 환영하고 싶다.

공매도나 작전세력으로 인한 급등락은 전쟁이나 테러, 전염병 등에 의한 주가 변동과 다르지 않다. 결국 시간이 흐르면 결국 그 주식이 가진 본래 가치로 회귀할 뿐이다. 위의 예시 기업들에 투자했다가 작전 세력에 당한 사람 중에 PER, PBR, 순이익과 배당 정도라도 확인하고 투자한 사람들은 몇이나 될지 의문이다. 주식투자에는 여러 가지 위험이 있지만 최소한 기본만 확인해도 피할 수 있는 뻔히 보이는 위험은 피해야 한다.

이런 배당주는
살짝 조심하자

배당주를 고를 때 주의할 점이 있다. 우선 실적이 오르고 있어도 주당 배당금이 증액되지 않는 종목이다. 예를 들어 '인천도시가스'는 주당순이익과 무관하게 2014년도부터 지금까지 1,250원의 배당금을 지급해오고 있다. 그런 이유로 시장에서 외면받아서 현재 주가도 2013년과 크게 다르지 않고 거래량도 많지 않다. 오랜 기간 시세차익도 없이 매년 4%대의 배당수익률을 보여주는 이런 종목은 좋은 배당주라

인천도시가스의 EPS, 배당금 변동

연도	23년	22년	21년	20년	19년	18년	17년	16년	15년	14년	13년
EPS (원)	4,005	2,785	848	2,602	2,447	2,685	3,138	1,963	1,636	5,353	2,351
주당 배당금(원)	1,250	1,250	1,250	1,250	1,250	1,250	1,250	1,250	1,250	1,250	1,142

출처: 네이버페이 증권

고 보기 어렵다. 개인적으로 이런 종목들은 예금과 같은 투자로 분류한다.

다음으로 주당순이익 대부분을 배당으로 지급하는 경우도 고려해봐야 한다. '한국쉘석유'는 글로벌 기업인 '로열 더치 쉘'에 속해있고 한국에서 얻는 이익 대부분을 배당으로 가져가기 때문에 앞으로도 높은 배당성향이 계속될 것으로 예상할 수 있다.

보통 높은 배당성향은 시장에서 환영받는 이유이긴 하나 이미 극대화된 배당성향을 보여주는 종목은 자칫 실적이 꺾이면 바로 배당컷이 발생할 가능성이 크다. 따라서 주가 하락으로 인해 배당수익률이 높아졌다면 매수하는 것도 좋지만, 높은 PER의 가격대에선 신중히 고려해야 한다. PER가 20인 주식을 매수했다고 가정하면 장기적으로는 5% 배당을 노릴 수 있겠으나, 주가 변동 때문에 평가손이 발생할 우려가 크기 때문이다. 내가 고배당주를 고를 때 PER와 함께 저배당성향 주식을 선호하는 이유이다.

한국쉘석유의 EPS, 배당금 변동

연도	23년	22년	21년	20년	19년	18년	17년	16년	15년	14년	13년
EPS (원)	28,753	20,554	22,343	16,162	16,174	19,200	18,648	20,955	24,010	20,711	22,774
주당 배당금(원)	25,000	18,000	19,000	14,000	16,000	19,000	17,000	19,000	20,000	19,000	20,000

출처: 네이버페이 증권

그리고 영업 적자가 발생해도 배당금을 지급하는 종목들이 있다. 보통 매크로 영향이 큰 경기민감주에 투자했을 때 이런 일이 발생한다.

투자자로서는 회사의 주주가치 제고가 얼핏 좋아 보일 수 있다.

하지만 결국 적자가 이어지면 배당받기도 어려워지고 주가 침체의 늪에 빠질 수 있다. 따라서 이런 종목들에 지난 배당금 지급내용만 보고 투자해서는 안 된다. 자칫 본의 아니게 장기투자를 하게 될지도 모른다.

지금까지 기업의 가치를 판단하는 방법론과 주의사항들을 말해왔다. 상당히 긴 내용이었지만, 어떻게 보면 기초에 가깝다고 느낄 수도 있다. 좀 더 정확히 가치를 측정하고 싶다면 위에서 알아봤던 EPS, BPS, 주식 배당금, ROE, 매출액과 영업이익률, 유보율과 부채비율 등 여러 가지 지표를 종합적으로 확인해봐도 좋다.

물론 성장성과 비전을 보며 고수익을 노리는 투자자라면 더 복잡하고 다양하게 분석해야 하지만, 나 같이 저변동성 고배당주에 투자한다면 위에 설명한 지표들만 확인해도 무리 없이 좋은 가격에 주식을 매매할 수 있다.

결국, 주식에 투자하려면 각자의 투자철학을 기반으로 PER, PBR 등 재무제표를 통한 종목분석과 계에 대한 비교, 성장성에 대한 예측까지 포함하여 직접 가격을 측정해야 한다는 것이다. 투자라는 행위에는 항상 투자자의 주관적 판단이 들어간다는 것과 언제나 시대적·상대적으로 가치평가의 기준이 바뀌어 왔다는 것을 잊지 말자.

가치투자자에겐 너무 쉬운
문제 풀고 가실게요

지금까지 좋은 배당 종목을 고르는 방법에 관하여 이야기했다. 재무제표를 이용해 기업과 미래 가치를 전망하는 것은 어느 정도 훈련이 필요하다. 기본적 재무제표를 보지 않고 전문가들의 추천만으로 종목을 고를 수는 없는 노릇이다. 쉬어가는 차원에서 간단한 문제 몇 가지를 풀어보자. 아래 문제들을 모두 풀 수 있다면 배당주 투자에 필요한 것은 다 갖추었다고 봐도 좋다.

문제

1. 순이익 1억 원이 나오는 빵집을 10억 원에 샀다. 이 빵집의 PER는 얼마인가?

2. 금리가 7%인 특판예금의 PER은 얼마인가?

3. 보증금 없이 월세 50만 원이 나오는 오피스텔을 매수했다. PER은 15
    라고 한다. 오피스텔의 가격은 얼마인가?

4. J기업의 순이익은 3,000억 원이고 발생 주식 수는 800만 주, PER은
    7이다. 이 기업의 적정 주가는 얼마인가?

5. 내가 매수한 기업의 이익 성장이 멈춰 2022년, 2023년 모두 주당순이
    익이 21,000원이었다. 하지만 2022년의 배당금은 2,100원으로, 2023
    년에는 2,520원으로 늘었다. 이 기업의 배당성향과 배당성장률을 계
    산해보자.

6. 1주의 가격이 48,000원인 K기업의 시가총액은 12조 원이다. 이 기업
    이 발행한 주식은 모두 몇 주인가?

7. 순이익 4,000억 원인 A기업의 주당순이익은 2,000원이고 PER는
    5.0이다. 주가와 발행한 주식 수, 시가총액을 구해보자.

8. ~ 12.

기간	2012년	2013년	2014년	2015년	2016년	2017년	2018년	2019년	2020년	2021년	2022년
PER(주가수익비율)	5.20	13.05	9.89	7.63	6.95	7.23	4.86	4.63	3.92	3.58	3.51
EPS(주당순이익)	6,671	3,362	3,234	3,092	4,494	6,881	7,457	7,965	8,783	11,744	11,948
PBR(주가순자산비율)	0.53	0.63	0.43	0.31	0.41	0.61	0.41	0.38	0.32	0.35	0.33
자기자본(억)	203,424	208,896	218,936	229,717	233,900	248,279	271,085	289,848	316,003	354,993	374,189
ROE(%)	10.88	5.23	4.56	4.20	5.96	8.78	8.88	8.76	8.96	10.86	10.05
순이익(억)	17,292	9,930	9,798	9,543	13,997	21,166	22,752	24,256	26,849	35,816	36,212
배당수익률(%)	1.29	0.91	1.87	2.75	3.36	3.11	5.24	5.69	5.36	7.37	7.96
주당배당금(원)	450	400	600	650	1,050	1,550	1,900	2,100	1,850	3,100	3,350

8. 위 기업의 2012년, 2015년, 2022년 주가를 각각 구해보자.

9. 2013년, 2016년, 2022년의 배당성향을 구해보자.

10. 이 기업의 2022년도 발행주식수는 모두 몇 주인가?

11. 해당 기업의 10년간 주당순이익, 자기자본, 배당의 증가율을 구해보자.

12. 2012년과 2022년의 시가총액을 구하고 10년간의 주가상승률을 계산
해보자.

A1.

순이익의 10배 가격으로 빵집을 매수하였으니 PER은 10이다. (10억 원 ÷ 1억 원) 매수가격이 낮아지거나 순이익이 늘어나면 PER도 낮아진다.

A2.

7% 수익이 몇 배가 되어야 예금 원금이 되는지 계산하면 된다. PER은 14.29이다 (100% ÷ 7%). 저금리 시기에는 1%~2%대의 PER 100~50짜리 예적금 상품도 많지만, 예금이 꾸준히 사랑받는 이유는 주식이나 채권 등과 비교하여 높은 안정성을 갖고 있기 때문이다. 하지만 인플레이션을 고려하면 예금의 안정성은 오히려 확정된 원금손실로 돌변할 수 있다는 것을 항상 생각해야 한다.

A3.

월세가 50만 원이면 연수익은 600만 원이다. 이 연수익에 PER 15.0을 곱하면 이 오피스텔의 적정가격인 9,000만 원을 추산할 수 있다. 수익성만 보고 수익형 부동산의 매력을 외면할 수도 있지만, 시세차익 면에서는 레버리지를 동반한 부동산 투자가 훨씬 좋을 수 있으니 주식투자를 할 때 주식만 고집하지 말고 항상 부동산과 비교해보자.

A4.

순이익에 PER를 곱하면 시가총액이 나온다. 시가총액은 2조1,000억 원이고 시가총액을 발행 주식 수로 나누면 한 주의 가격이 된다. J기업의 주가는 262,500원이다(2조1,000억 원 ÷ 800만 주).

A5.

2022년의 배당성향은 10%[(2,100원 ÷ 21,000원) × 100], 2023년의 배당성향은 12%[(2,520원 ÷ 21,000원) × 100]이다. 배당성장률은 20%이다[{(2,520원 − 2,100원) ÷ 2,100원} × 100%]. 기업의 이익이 늘지 않아도 배당은 꾸준히 성장하는 기업들도 있고 역으로 이익이 늘어도 배당 컷이 발생하는 기업도 있다. 심지어 적자가 나는 해에도 배당하는 기업도 있고, 주당순이익 이상 배당하는 경우도 있으니 배당종목을 고를 때 배당만 봐서는 안 된다.

A6.

시가총액을 1주당 가격으로 나누면 된다. 발행 주식 수는 2억5,000만 주이다. (12조 원 ÷ 48,000원)

A7.

주가는 주당순이익과 배수인 PER을 통해 구할 수 있다. 10,000원이다. (2,000원 × 5.0) 발행주식수는 순이익을 주당순이익으로 나누면 된다. 2억 주이다(4,000억 원 ÷ 2,000원). 따라서 시가총액은 2조이다. (2억 주 × 10,000원)

A8.

주가는 주당순이익과 PER을 곱하며 된다. 2012년의 주가는 34,700원이고 2015년은 23,600원, 2022년은 41,950원이다.

A9.

배당성향은 순이익에서 주주에게 지급된 배당금 총액의 비율이다. 배당금을 주당순이익으로 나눈 백분율로 알 수 있다. 2013년은 11.9%, 2016년은 23.3%, 2022년은 28.0%의 배당성향을 보여줬다. 배당성향이 점점 높아지는 것을 보면 주주환원에 적극적으로 바뀌고 있다고 판단할 수 있다.

A10.

간단히 순이익을 주당순이익으로 나누어 봐도 알 수 있다. 303,080,013주이다. (3조 6,212억 원 ÷ 11,948원) 단, 순이익을 억 단위로 계산했기에 정확한 답은 아니다.

A11.

주당순이익은 79.1%, 자기자본은 83.9%, 배당은 644% 증가하였다. 주당순이익과 자기자본 증가도 우수한 기업이지만 배당금의 증가가 상당히 높다. 그럼에도 불구하고 아직 배당성향이 30% 미만인 점을 고려하면 장기 투자할 최적의 배당주라고 봐도 좋은 종목이다.

A 12.

　시가총액은 주가와 발행주식수을 곱해서 구할 수 있다. 주가는 주당 순이익과 PER의 곱이고, 발행주식수는 순이익을 주당순이익으로 나누면 된다.

　2012년의 시가총액은 8조9,918억 원 {(6,671원 × 5.20) × (1조7,292억 원 ÷ 6,671원)}이고 2022년의 시가총액은 12조7,104억 원{(11,948원 × 3.51) × (3조6,212억 원 ÷ 11,948원)}이다. 10년간 시총은 3조7,186억 원이 늘었고 주가상승률은 41.3%이다. 주가상승률만 보면 10년간의 장기투자자로는 그다지 좋은 투자는 아니었지만, 점점 높아진 배당까지 고려해보면 코스피 지수 상승률(50%)은 충분히 따라갔다고 보인다.

　사실 재무제표와 투자정보만 확인해도 그 기업의 모든 정보를 알 수 있어 매번 이렇게 문제를 풀 필요는 없다. 하지만 이런 정보를 단순히 글자로 받아들이기보다 한눈에 파악할 수 있도록 한 번쯤은 직접 계산해보는 것도 좋다.

　그런데 8번~12번 문제에서 예시였던 재무제표는 어느 기업의 것일까? 바로 본문에서 기업은행과 비교했던 하나금융지주의 10년간 재무제표이다. 나는 위의 문제들처럼 계산하고 생각한 결과 하나금융지주의 주가가 상당히 싸다고 판단했다. 그리고 3억 원가량 매수한 이후 수년간 배당을 받으며 재투자를 이어갔다.

　다행히도 하나금융지주에서 많은 배당금을 받을 수 있었고 주가도 꾸준히 상승해 50% 정도의 차익까지 얻을 수 있었다. 2024년 3월 14일 기준 하나금융지주의 투자정보를 보면 아직도 PER 5.19에 PBR

0.47을 유지하고 있다. 단기간의 급등에 따라 수익을 실현하고 싶은 생각도 많이 들겠지만, 매수가격의 함정에 빠지지 말고 지금 가격대가 과연 비싼지 생각해보고 매매를 결정하자.

하나금융지주의 상세 투자정보

출처: 네이버페이 증권

결국 가장 중요한 것은 결국 기업의 실적과 미래 전망이다. 실적이 나쁜 상태일 때 사놓고 실적이 좋아지기를 기다리는 투자도 있고, 배당률이 낮을 때 사놓고 배당이 늘기를 기다리는 투자도 있다. 적자기업을 사고 흑자전환을 기다리는 투자도 있고 심지어 상장폐지 종목을 사서 재상장을 노리는 투자도 엄연히 다 좋은 아이디어에서 시작했다. 실적과 이에 따른 높은 배당과 배당성향이 앞으로도 더 좋아질 것인지는 아무도 모른다.

PART
4

시장에서 살아남는
배당주 투자 전략

지금까지 배당투자를 위한 기본과 마인드, 분석법을 설명했다. 나름대로 좋은 배당주를 분석하고 고르는 방법을 쉽게 전달하기 위해 노력했지만, 투자 철학이 다른 분이나 이해하기 귀찮은 분, 아니면 기초를 제외하고 투자 전략이 궁금한 분들이라면 이 부분부터 읽자. 우리는 바쁜 사람들이다. 재무제표 같은 써먹기 힘든 자료는 분석할 시간도 아깝다.

아무것도 모르겠고
복세편살 배당투자가 하고 싶어요

※복세편살: 복잡한 세상 편하게 살자

우리는 결국 개인투자자다. 밤낮없이 분석하고 외국의 정보까지 읽어보려 노력해도 기관투자자들의 정보를 따라잡기 힘들다. 클릭 한 번이면 읽을 수 있는 증권사 기업분석 리포트만 봐도 기죽을 만큼 정리해 놨다. '정보를 얻고자 책을 집었는데 그냥 좋은 배당 종목을 골라주면 안 되는 건가?'라는 생각이 들 수 있다. 당연하다. 그리고 세상에는 항상 그런 분들을 노리고 물건을 팔기 위해 좋은 선택지가 준비되어있기 마련이다. 이번에도 정답은 네이버에서 쉽게 찾을 수 있다. 네이버페이 증권에 들어가 '고배당'이라고 검색해보자.

네이버페이 증권의 검색 결과

15개의 고배당 ETF를 확인할 수 있다. 운용사와 펀드의 성격에 따라 이름은 조금씩 다르지만, 고배당 종목들을 편입해서 만든 ETF들이다. 종목을 고를 자신이 없거나 시간이 없는 분들, 귀찮으신 분들이라면 그냥 여기 나오는 ETF를 골고루 매수해도 좋다. 그래도 개중 몇 가지를 추려 ETF의 성격과 이유를 알아보자.

가장 위에 있는 'KOSEF 고배당'을 선택하면 개별종목과 마찬가지로 간략한 투자정보부터 운용사와 펀드 보수, 추종하는 기초지수와 유형까지 알 수 있다. ETF는 개별종목과 다르게 유동성 공급자가 충분히 순자산가치에 맞춰 매매를 받아주기 때문에 시가총액이나 거래량은 신경 쓰지 않아도 좋다. 큰 의미가 없다.

KOSEF 고배당의 상세 투자정보

ETF에서 가장 중요한 것은 기초지수와 그 기초지수의 구성 종목이다. KOSEF 고배당 ETF는 'MKF 웰스 고배당20 지수'를 추종한다고 되어있다. MKF는 매일경제와 에프앤가이드의 영문 첫 글자를 따온 것으로 운용사를 의미한다. 그 뒤의 내용은 펀드의 성격, 숫자는 구성 종목 수 정도로 이해하면 된다. 결국 이 ETF는 추종지수를 무리하게 운용하지 않고 구성 종목 수가 많아 안정성이 높다고 이해하면 된다. 그러면 이제 이 ETF의 구성 종목을 확인해보자.

KOSEF 고배당 ETF의 주요 구성자산

ETF 주요 구성자산					더보기 ›
구성종목(구성자산)	주식수(계약수)	구성비중	시세	전일비	등락률
하나금융지주	830	9.13%	56,600	▲ 1,000	+1.80%
우리금융지주	2,607	7.55%	14,900	▲ 380	+2.62%
BNK금융지주	4,747	6.92%	7,500	0	0.00%
기업은행	2,275	6.19%	14,000	▲ 370	+2.71%
JB금융지주	2,399	6.13%	13,160	▼ 40	-0.30%
삼성카드	765	5.58%	37,550	▲ 1,100	+3.02%
GS건설	1,790	5.55%	15,950	▼ 260	-1.60%
DGB금융지주	3,076	5.29%	8,860	▼ 60	-0.67%
NH투자증권	2,166	4.94%	11,740	▲ 190	+1.65%
KB금융	354	4.37%	63,500	▲ 1,200	+1.93%

출처: 네이버페이 증권

이 ETF에서 비중이 높은 종목 10가지이다. 이 상위 10종목의 구성 비중을 합해보면 61.67%으로, 나머지 38.33%는 다른 고배당 10종목으로 구성되어있다. 나머지 종목까지 확인해보면 SK텔레콤 4.30%, 현대해상 4.08%, 삼성화재 3.99%, DB손해보험 3.92%, 기아 3.92%, HDC현대산업개발 3.85%, 코리안리 3.40%, 애경케미칼 3.09%, 롯데정밀화학 3.05%, LX세미콘 2.88%, 그리고 원화 현금 1.89%다. 그럼 두 번째로 검색된 고배당 ETF인 'ARIRANG 고배당주' ETF의 구성 종목을 확인해보자.

ARIRANG 고배당주 ETF의 주요 구성자산

ETF 주요 구성자산					더보기 ›
구성종목(구성자산)	주식수(계약수)	구성비중	시세	전일비	등락률
하나금융지주	464	6.20%	56,600	▲ 1,000	+1.80%
기아	203	5.97%	124,500	▲ 6,800	+5.78%
기업은행	1,623	5.36%	14,000	▲ 370	+2.71%
우리금융지주	1,443	5.08%	14,900	▲ 380	+2.62%
JB금융지주	1,541	4.79%	13,160	▼ 40	-0.30%
KB금융	316	4.74%	63,500	▲ 1,200	+1.93%
한국가스공사	678	4.64%	29,000	▲ 750	+2.65%
BNK금융지주	2,476	4.38%	7,500	0	0.00%
삼성카드	468	4.15%	37,550	▲ 1,100	+3.02%
SK텔레콤	312	3.88%	52,700	▲ 200	+0.38%

출처: 네이버페이 증권

KOSEF 고배당 ETF와 구성 종목과 비중이 상당히 겹치는 것을 볼 수 있다. 그럼 세 번째로 검색된 '파워 고배당저변동성' ETF의 구성종목도 확인해보자. 이름을 보면 알 수 있듯 고배당과 저변동성을 종목 구성의 기준으로 잡고 있어 위의 두 항목과 구성종목이 약간 다르지만 그래도 많은 종목이 겹치는 것을 확인할 수 있다.

파워 고배당저변동성 ETF의 주요 구성자산

ETF 주요 구성자산					더보기 ›
구성종목(구성자산)	주식수(계약수)	구성비중	시세	전일비	등락률
기아	247	3.15%	124,500	▲ 6,800	+5.78%
HD현대	426	3.09%	70,700	▼ 100	-0.14%
S-Oil	390	3.05%	76,400	▲ 600	+0.79%
GS	615	3.03%	48,050	▲ 300	+0.63%
KT	720	2.89%	39,100	▲ 700	+1.82%
하나금융지주	494	2.87%	56,600	▲ 1,000	+1.80%
SK텔레콤	517	2.79%	52,700	▲ 200	+0.38%
KT&G	287	2.74%	93,000	▲ 1,000	+1.09%
현대차	106	2.72%	250,500	▲ 2,500	+1.01%
우리금융지주	1,770	2.70%	14,900	▲ 380	+2.62%

출처: 네이버페이 증권

이 책 절반에 걸쳐 종목분석에 대한 긴 내용을 읽으시고 직접 고배당주들을 찾아보신 독자들은 허탈할 수 있다. 아마 스스로 고른 종목 중 대부분이 위 고배당 ETF의 구성 종목들과 비슷할 것이다. 미·중·일 등 해외의 배당투자도 마찬가지다. 각국의 고배당 ETF를 골고루 매수하거나 각 ETF에 편입된 종목 중 마음에 드는 기업들만 골라서 사는 것도 효과적인 배당주 투자 방법이다.

장점 가득?
ETF도 단점은 있어요

하지만 이런 수많은 장점과 안정성에도 불구하고 나는 현재 ETF를 보유하고 있지 않다. 이 부분은 내 유튜브 채널에서도 계속해서 말해왔다. 앞에서 배당주 투자는 ETF로도 충분한 것처럼 설명했으면서 정작 나는 왜 ETF로 배당투자를 하지 않는지 그 이유를 말하고자 한다.

먼저 수많은 분이 ETF의 우수성을 말하고 있다. 심지어 투자자 대부분이 한 번은 들어봤을 워런 버핏도 ETF의 우수성을 말한다. 그리고 나도 그분들이 말하는 장점들에 전적으로 동의한다. 하지만 장점이 있으면 단점도 있는 법, 투자자라면 다수가 옳다고 인정하더라도 그 반대편에는 무엇이 있을지 확인해야 하지 않을까?

내가 ETF에 투자하며 느낀 단점 중 하나는 ETF는 가지고만 있어도 운용보수가 들어가는 것이다. 만약 자신이 장기투자를 지향한다면 ETF에 있는 종목을 직접 매수하여 보유하면 그만이다. 또 이런 운용보

수 외에도 지수사용료, 위탁판매수수료, 기타비용 같은 부대비용이 발생한다. 이런 누수는 오래 투자할수록 무시할 수 없는 금액으로 돌아온다.

그리고 ETF의 구조 때문에 때에 따라 고평가되거나 원치 않는 종목을 사야 한다는 것도 분명한 단점이다. 만약 특정 종목이 몇 배로 급등했다면 이후 그 종목이 들어간 ETF를 매수하는 사람은 급등한 가격을 감내해야 한다. 고배당 은행주들을 보유하기 위해 'KODEX 은행 ETF'를 산다면 그중 배당성향이 낮은 카카오뱅크도 사야 한다. 이런 문제를 피하려면 ETF의 구성종목을 확인하고 마음에 드는 종목만 따로 매수하는 것도 좋은 방법이다.

그리고 개인적으로 생각하는 ETF 투자의 가장 큰 단점은 거래세가 없다는 것이다. 매매할 때 세금이 없으니 단기투자를 자주 하게 되고, 투자 초기에 나쁜 투자 습관이 못 박힐 수 있다. 거래세가 없어 매매에 부담이 적으니 ETF의 연간 매매회전율이 10,000% 이상 나오는 분들도 많았다. 거래세 부담이 없으니 기업의 가치를 믿고 장기투자하는 것이 아니라 주식이라는 도구를 가지고 매일매일 가위바위보나 홀짝 게임을 한 셈이다.

그리고 거래세가 없더라도 증권사에 유관기관수수료를 내야 하는 것을 잊어선 안 된다. 만약 1억 원으로 매일 수차례 ETF 단타를 하면 연말에 매매금액 수백억 원이 찍혀있는 거래내역서와 함께 거래세 못지않은 수수료 지출 내역을 확인할 수 있다.

또 증권사 같은 유동성 공급자와의 거래에서 발생하는 보이지 않는 손해도 있다. 기초지수와 연동해 가격 형성을 유도하는 증권사는 순자산가치 이하에서 매수, 이상에서 매도하면서 순자산가치 범위를 유지한다. 유동성이 낮아 거래가 활발하지 않은 ETF의 호가창을 보면 이런 모습을 쉽게 확인할 수 있다. 우리는 결국 개인투자자로서 유동성 공급자와의 거래에서는 차액 손실을 보게 된다.

그리고 또 하나의 단점은 주주권을 행사할 수 없다는 것이다. 'KODEX 200 ETF'를 아무리 많이 보유하고 있어도 주주총회에는 갈 수 없다. 물론 의결권을 행사할 생각이 없는 소액투자자에게는 큰 의미가 없을 수 있다. 하지만 주요 의결사항이 있을 때마다 우편함에 수북이 쌓이는 주주총회 초대장과 배당 통지서를 보면 주주로서 주인 대접을 받는 기분도 들고 장기투자를 이어 나갈 힘이 된다는 것은 분명하다. KT&G 같은 경우 회사의 경영 환경에 관하여 대표이사가 쓴 편지를 보내주는데 매년 이 편지를 읽어보는 맛도 기분이 좋다.

그리고 이 주주권은 어쩌면 장기투자자에게 가장 중요할 재미라는 요소와도 연관이 있다. 주식을 과일로 비유해보면 개별종목에 투자하는 것은 냉장고에 온갖 과일이 색색별로 가득 찬 것 같다. 하지만 ETF는 냉장고에 똑같은 트로피컬 주스만 가득 있는 느낌이다. 예전에 ETF 투자의 우수성을 인정하고 KODEX 200을 꾸준히 모은 적이 있었다. 매월 돈이 생길 때마다 모았는데 14,000주 정도 모으고 나니 똑같은 음식만 매일 먹는 기분이 들었다. 결국, 장기투자를 하려면 결국 재미라는 요소도 크다는 것을 생각하는 계기가 되었다.

마지막은 ETF의 단점이라기보다 파생상품의 위험성에 가깝다. 하지만 분명히 시장에 유통되고 있는 금융상품이기에 적어둔다. 현재 시장에는 1배~2배 인버스 상품, 2배~3배 레버리지 상품, 커버드콜, 원자재, 금, 은,

외환 등등 장기투자에 적합하지 않은 ETF가 많다. 하지만 접근성이 좋아진 만큼 초보투자자에게 막대한 손해를 입힐 가능성도 늘었다.

지난 2022년에 발생한 러시아의 우크라이나 침공을 생각해보자. 유럽의 곡창지대인 우크라이나에서 전쟁이 벌어지자 밀가루 같은 원자재나 생필품 물가가 급변했다. 그리고 이런 충격은 금융시장에도 똑같이 몰아쳤다. 모건스탠리캐피털인터내셔널(MSCI)이 러시아 지수를 0.00001로 평가하면서 사실상 전 세계의 러시아 관련 금융상품들은 0원에 가깝게 되어버린 것이다.

키워드_ETF 관련 용어 정리

ETF(Exchange Traded Fund): 인덱스펀드를 거래소에 상장시켜 투자자들이 주식처럼 편리하게 거래할 수 있도록 만든 상품

인덱스펀드(Index Fund) : 주가 지표의 움직임에 연동되게 포트폴리오를 구성하여 운용함으로써 시장의 평균 수익을 실현하는 것을 목표로 하는 포트폴리오

펀드(Fund) : 불특정 다수로부터 모금한 실적 배당형 성격의 투자기금

일단 우선주 피봇부터
시작합시다

배당주 투자자가 수익률을 극대화하기 위해서 꼭 알아두어야 할 부분이 있다. 바로 '우선주'가 그 주인공이다. 보통주와 다르게 소정의 권리에 관하여 특수한 내용을 부여했기에 '종류주식'이라고도 부른다. 의결권이 없어 보통주보다 싸지만, 대신 보통주보다 조금 더 많은 배당금을 받곤 한다. 대부분의 종류주식이 보통주보다 상환이나 전환권에서 우선순위를 가지기 때문에 우선주라는 이름이 붙게 되었다.

우리가 알만한 대표적인 우선주 발행 기업은 삼성전자와 현대차, LG화학, 대한항공이 있다. 해외로 눈을 돌리면 구글의 우선주도 유명하다. 기업이 보통주가 아닌 우선주를 발행하는 이유는 주식발행으로 자금은 조달하고 싶지만, 보유지분이 희석되며 지배력이 약화하는 것은 막기 위해서다.

우선주에 대한 정의를 알아봤으니 이제 투자 이야기로 넘어가자. 우선주는 배당 참가 여부 및 발행 시기, 조건에 따라 여러 종류로 나뉜다. 하지만 실제로 시장에서 유통되는 우선주 대부분은 구형우선주와 신형우선주(채권(bond)을 뜻하는 B가 붙어있다)로, 우리가 우선주에 투자할 때는 간단하게 보통주와 구형우선주, 신형우선주 세 가지만 알고 있어도 충분하다.

의결권 행사에 큰 의미를 두지 않는 배당투자자라면 굳이 보통주를 사기보다 시가 대비 더 높은 배당을 주는 우선주를 사는 것이 좋다. 그리고 우선주는 보통주의 가격과 연동되는 면이 있어, 될 수 있으면 보통주와의 가격 괴리율이 높은 종목을 고를수록 좋다. 이렇게 괴리율이 높은 종목은 보통주 대비 높은 배당수익과 괴리율 감소 시 시세차익까지 얻을 수 있다. 아래의 예시를 통해 설명하겠다.

미래에셋증권의 보통주, 우선주 가격 차이

종목명	현재가
미래에셋증권 코스피	8,130
미래에셋증권우 코스피	4,170
미래에셋증권2우B 코스피	3,730

출처: 네이버페이 증권

2024년 6월 기준 미래에셋증권은 8,130원이고 1990년도에 발행된 구형우선주 '미래에셋증권우'는 보통주에 비해 48.8% 할인된 4,170원이다. 2018년도에 발행된 신형우선주 '미래에셋증권2우B'는 54.2% 할인된 3,730원으로 보통주와의 괴리율이 더 높다. 신형우선주의 이름 중

숫자 2는 발행 순서인데 큰 의미는 두지 않아도 좋다. 그리고 우선주는 기업의 정관에 따라 배당하는데, '2우B'는 채권의 성격까지 가지고 있어 최저배당율 등이 정관에 명시되어 있다. 2023년도 배당공시를 보자.

미래에셋증권의 2023년 배당공시

현금·현물배당 결정

1. 배당구분		결산배당
2. 배당종류		현금배당
− 현물자산의 상세내역		−
3. 1주당 배당금(원)	보통주식	150
	종류주식	165
− 차등배당 여부		미배당
4. 시가배당률(%)	보통주식	1.70
	종류주식	3.79
5. 배당금 총액(원)		89,808,285,450
6. 배당기준일		2024−03−29

종류주식에 대한 배당 관련 사항

종류주식명	종류주식구분	1주당 배당금(원)	시가배당률(%)	배당금총액(원)
미래에셋증권우	우선주	165	3.79	1,626,205,350
미래에셋증권2우B	우선주	150	3.70	20,490,000,000

출처: 네이버페이 증권

보통주와 미래에셋증권2우B는 150원을 배당받고 시가배당율은 각각 1.70%, 3.70%이다. 미래에셋증권우는 보통주 배당금의 10%를 추가로 배당받아 총 165원으로 3.79%의 시가배당률인 것을 확인할 수 있다.

참고로 미래에셋증권2우B의 정관에는 보통주 배당금과 최저배당율에 의한 배당금을 비교해 더 큰 금액을 지급하게 되어있다. 하지만 현재 최저배당율은 주당 액면가액 5,000원 기준 2.4%로 120원에 불과해, 경영 악화 등으로 보통주 배당금이 120원 미만으로 떨어지지 않는 이상 최저배당율은 큰 의미가 없다. 배당투자의 시점에서 보면 미래에셋증권과 같이 보통주와 50% 정도의 괴리율을 보이는 우선주가 투자 매력이 높다.

한화의 보통 · 우선주 가격 차이와 2023년 배당공시

한화 코스피	28,450
한화우 코스피	31,300
한화3우B 코스피	15,060

출처: 네이버페이 증권

현금·현물배당 결정

1. 배당구분		결산배당
2. 배당종류		현금배당
– 현물자산의 상세내역		–
3. 1주당 배당금(원)	보통주식	750
	종류주식	800

– 차등배당 여부		미배당
4. 시가배당률(%)	보통주식	2.9
	종류주식	2.5
5. 배당금 총액(원)		73,730,758,700
6. 배당기준일		2023-12-31

종류주식에 대한 배당 관련 사항

종류주식명	종류주식구분	1주당 배당금(원)	시가배당률(%)	배당금총액(원)
제1우선주(한화우)	우선주	800	2.5	383,435,200
제3우선주(한화3우B)	우선주	800	5.6	17,977,600,000

출처: 네이버페이 증권

이번에는 한화를 살펴보자. 보통주는 750원을 배당했고 한화우, 한화3우B는 50원을 추가하여 800원을 지급했다. 각각의 배당률은 2.9%, 2.5%, 5.6%이다. 신기한 점은 한화우가 보통주보다 가격이 높아서 배당이 많음에도 배당수익률은 오히려 낮다는 것이다. 수급 문제나 세력의 개입으로 우선주의 주가가 보통주보다 더 높을 때도 있으니, 일반적으로 우선주의 가격이 낮더라도 항상 실적과 보통주와의 괴리율을 비교하고 판단해야 하다.

참고로 공시에 있는 차등배당 여부 항목의 의미는 주주들의 지분 보유비율에 따라 배당금이나 배당률에 차등을 두는 것을 의미한다. 주로 소액주주들의 주주가치를 높이기 위해 차등배당을 실시하는 경우가 많다.

내가 기업은행을 매수했을 때는 소액주주들에게 대주주인 정부보다 배당을 100원 더 지급하는 차등배당을 시행하고 있었다. 추후 차등배당이 점점 더 높아질 것도 고려하여 매수 결정에 큰 참고가 되었다. 하지만 안타깝게도 내가 매수한 이후 기업은행의 차등배당은 없어졌다. 지금도 기업은행의 오래된 주주들은 차등배당 시행의 목소리를 내곤 한다.

각설하고, 아래의 예시들처럼 보통주의 실적과 배당률이 높고 여기에 우선주와 괴리율도 높다면 최고의 배당 투자처라고 할 수 있다. 높은 배당과 함께 높은 괴리율도 좋은 안전마진으로 작용하기에 이러한 요소들을 두루 고려하여 투자해보자.

GS, CJ제일제당, 현대차의 보통주 · 우선주 시세

GS 코스피	48,400
GS우 코스피	38,200
CJ제일제당 코스피	293,000
CJ제일제당 우 코스피	139,800
현대차 코스피	239,500
현대차우 코스피	159,500
현대차2우B 코스피	157,400
현대차3우B 코스피	152,700

출처: 네이버페이 증권

그리고 국내 증시에 3개의 전환우선주도 상장되어 있으니 이 부분도 투자에 참고하자. 전환우선주는 우선주로 발행되었으나 일정 기간이 지난 후 보통주로 전환할 수 있는 권리가 부여된 것으로, 쉽게 말하자면 전환사채와 비슷하다고 생각하면 된다. 당연히 상환일이 가까워질수록 보통주의 가격으로 수렴하기에 배당뿐만 아니라 시세차익도 중요하게 고려하는 장기투자자라면 전환우선주 투자를 고려하는 것도 좋다.

CJ의 보통주 · 우선주 · 전환우선주 시세

CJ 코스피	119,500
CJ우 코스피	61,900
CJ4우(전환) 코스피	86,200

전환일 및 보통주 대비 괴리율 : 2029년 3월 27일 / 27.9%(연 5.58% 추가 기대수익)
출처: 네이버페이 증권

아모레G의 보통주 · 우선주 · 전환우선주 시세

아모레G 코스피	27,800
아모레G우 코스피	9,960
아모레G3우(전환) 코스피	19,130

전환일 및 보통주 대비 괴리율 : 2029년 12월 26일 / 31.2%(연 5.67% 추가 기대수익)
출처: 네이버페이 증권

DL이앤씨의 보통주 · 우선주 · 전환우선주 시세

DL이앤씨 코스피	36,650
DL이앤씨우 코스피	18,590
DL이앤씨2우(전환) 코스피	24,500

전환일 및 보통주 대비 괴리율 : 2032년 4월 27일 / 33.2%(연 4.15% 추가 기대수익)
출처: 네이버페이 증권

쭈압 추천
금액·상황별 포트폴리오

모든 사람에게 다 맞는 최고의 포트폴리오는 없다. 무조건 실적이 좋고 배당률이 높은 종목들 몇 개로 집중투자하기보다 각자의 자본과 상황에 맞는 포트폴리오를 구성하여 최대한 절세계좌를 활용한 투자를 하는 것이 좋다. 몇 가지 조건을 설정해 배당주 투자를 위한 좋은 포트폴리오를 제안해보겠다.

첫 투자를 시작한 사회 초년생 추천, 월 100만 원 포트폴리오

첫 투자부터 '나는 배당투자를 하겠다'라고 시작하여 수십 년이라는 오랜 기간을 그대로 가져가기는 힘들다. 좋은 상대를 찾기 위해선 많은 사람을 만나보는 것이 좋은 것과 비슷하다. 다른 투자를 경험해보지 않고선 배당투자의 장단점을 비교 체감할 수 없다. 투자라는 긴 여정을 가기 위한 첫 단계는 자신의 투자 성향 파악과 다양한 투자 방법의 경험이다.

초보 투자자의 포트폴리오 예시

종목명	금액(만원)
적금	10
삼성전자우, POSCO홀딩스, NAVER, 우리금융지주, SK텔레콤	30
VOO	20
KODEX 200	20
TIGER 국고채20년스트립액티브	10
기타	10

기본적으로 국내외 대형주에 투자한 뒤, 매매회전율을 최소화하는 습관을 들이는 것이 좋다. 적금의 수익률은 높지 않지만 현금비중이 어떤 의미인지 체감하는 것이 중요하다. 또 일본이나 중국, 유럽 등 해외 지수에 ETF로 투자해보는 것을 추천한다. 만약 금리인하를 예상할 수 있다면 장기채권에 투자해보는 경험도 좋다.

100만 원이라고 적어두었지만, 딱 100만 원이라고 정하지 말고 자신에게 여윳돈이 더 있으면 처음부터 투자금을 최대한 늘려서 운영하는 것이 좋다. 기타 항목은 코인이나 리츠 등 다양한 투자처를 자율적으로 발굴해서 경험해보라는 의미로 넣었다.

그리고 빠르게 꺼내서 써야 할 돈이 아니라면 ISA나 IRP, 연금저축펀드를 최대한 활용해 세액공제와 비과세 혜택을 최대한 누리자. 투자에 있어 절세의 힘은 압도적이다.

목돈 3억 원을 모은 사람에게 추천하는 포트폴리오

중견 투자자의 포트폴리오 예시

종목명	금액(만원)
하나금융지주, 우리금융지주, 기업은행, SK텔레콤, S-oil우 삼성전자우, POSCO홀딩스, 현대차2우B, 삼성카드, 맥쿼리인프라	10,000
한화3우B, GS우, SK디스커버리우,	7,000
SPY, KODEX 200	8,000
O(리얼티인컴), TIGER 리츠부동산인프라	3,000
TIGER 차이나HSCEI, KOSEF 국고채10년레버리지	2,000

　분산투자는 크게 시간의 분산, 금액의 분산, 종목의 분산으로 나눌 수 있다. 퇴직금이나 주택매매로 생긴 차액, 상속이나 적금 만기 등으로 갑자기 큰돈이 생겼다면 위 세 가지 분산을 최대한 고려해야 한다. 그리고 갑작스러운 목돈에 흥분하지 않고 차분하게 저점을 기다렸다가 투자해야 한다.

　만약 스스로 저점을 판단하기 어렵다면 1년 정도의 기간을 두고 천천히 분할매수를 시도하자. 급하게 매매하면 자칫 고점에 매수할 수 있기 때문이다. 우선 고배당주 위주로 매수한 뒤 시장 상황에 따라 조금씩 리밸런싱을 하면 된다.

이 포트폴리오에는 배당과 성장을 모두 고려하여 시총 대형주를 1억 원 정도 매수하고, 안전마진과 함께 높은 주가상승도 기대할 수 있는 지주사 우선주들을 높은 비중으로 담아보았다. 그리고 많이 하락한 국내외 리츠, 현재 시점에 중기관점으로 시세차익을 노려볼 만한 홍콩지수와 장기채권 레버리지도 고려했다.

세후 월 500만 원의 현금흐름이 필요한 정년퇴직한 10억 자산가

은퇴 이후의 투자 포트폴리오 예시

종목명	금액(만원)
하나금융지주, 우리금융지주, 기업은행, SK텔레콤, KT, KT&G, 삼성카드, 맥쿼리인프라, 대신증권우, 한화3우B, GS우, SK디스커버리우, HD현대, 코리안리, 메가스터디교육, 골프존	50,000
VZ(버라이즌), T(AT&T), PRU(푸르덴셜 파이낸셜), PFE(화이자)	30,000
차이나가스, 베이징홀딩스	10,000
O(리얼티인컴), TIGER 리츠부동산인프라	10,000

보통 은퇴를 생각할 연령대가 되면 알게 모르게 쌓인 투자 경험이나 안목이 생긴다. 하지만 의외로 은퇴를 앞두고도 한 번도 투자하지 않은 분들도 있다. 이런 분들은 종목 추천이나 '리딩방' 등을 통해 높은 수익

률을 욕심내다 자산을 잃으면 만회하기 힘들다는 점을 명심해야 한다. 세전 연 6%대의 투자수익률을 목표로 분산투자만 잘해두어도 노후의 현금흐름엔 지장이 없다.

시세차익보다는 위와 같이 고배당 자산 중심의 포트폴리오를 추천해 본다. 개인적으로 PER 10 이하, 배당수익률 4.0% 이상, 배당성향 40% 이하, 배당성장이 있는 종목이라면 나쁘지 않은 고배당 자산으로 평가 하고 있다. 증시의 영향을 크게 받고 지수 이하의 성장성을 보여줄지는 몰라도, 섹터 분산만 고려하면 나이가 들수록 트레이딩을 최소화하고 배당 총액의 증가만 생각하는 투자도 나쁘지 않다.

시세차익이 중요! 배당은 없어도 된다는 1억 투자자

시세차익을 노리는 투자 포트폴리오 예시

종목명	금액(만원)
삼성전자, NAVER, 한국가스공사, KODEX Fn성장	7,000
버크셔 해서웨이 Class B, TSLA(테슬라)	2,000
기타	1,000

세금과 건보료 등 배당투자의 단점을 이유로 배당소득보다 시세차익 노리는 분들도 있다. 이런 분들은 가급적 양도소득세가 없는 국내 주 식의 비중을 높이는 것을 추천한다. 해외 주식은 양도소득세 250만 원

공제를 최대한 활용하여야 하고, 시세차익을 노리려면 보유보다는 시장 상황에 맞춰 액티브 전략을 운용해야 한다. 아니면 액티브 ETF를 매수하는 것도 좋다.

1년 후 써야 할 돈 4억 원, 딱 2년만 투자하고 싶다면

자금회수를 중요시하는 투자 포트폴리오 예시

종목명	금액(만원)
예금	8,000
KODEX CD금리액티브(합성), TIGER CD금리투자KIS(합성)	30,000
기타	2,000

전세보증금으로 투자하는 것처럼 투자자금의 회수가 예정되어 있다면 안전한 예금이나 'KODEX CD금리액티브(합성)', 'TIGER CD금리투자KIS(합성)' 같은 금리형 ETF를 하시는 게 낫다. 6개월이나 1년 등 정해진 기한 후 써야 할 돈을 위험자산인 주식에 투자하는 건 도박이나 마찬가지기 때문이다.

많은 분이 주택 자금을 활용하여 투자하기도 하지만, 추천하지 않는다. 나 같은 경우 주택담보대출로 KODEX 200에 투자한 적도 있었고, 주택을 마련하는 대신 월세로 생활하며 현대차를 매수했던 때도 있었다. 하지만 대출이자나 월세 만기에 따른 심리적 압박감은 어마어마했고, 이런 압박 속에서 투자를 길게 이어 나가는 건 쉽지 않았다.

결국 설정했던 익절 타이밍보다 빨리 빠져나오게 되었지만 후회는 없었다. 그 부담감을 안고 계속 투자했다면 지금처럼 장기투자의 여유를 즐길 수 없다고 생각하기 때문이다. 투자는 여유자금이나 감당할 수 있는 수준으로 하는 것이 중요하다.

다시 한번 말씀드리지만 제안해드린 위 포트폴리오는 종목을 추천하는 것이 아니다. 책임질 수도 없는 일이고, 책의 특성상 시점에 따른 변화를 반영할 수도 없다. 혹시나 맹목적으로 따라서 사시는 분들도 있을 수 있어 지금 이렇게 적는 것도 상당히 조심스러웠다.

단지 배당주 장기투자를 해온 내가 예시로 든 상황에 놓인다면 '주가 상승과 배당수익률, 수익실현 시기 등을 고려해 이렇게 구성할 것 같다' 정도의 의미라고 이해하셨으면 좋겠다. 특히 추천 시점과 책을 읽는 시점의 차이에 따라 좋은 가격이 아닐 수도 있으니 단순 참고 용도로 사용하길 바란다.

배당투자자만의
리밸런싱과 매매전략

　투자자들의 주식 매매는 일회성으로 끝나지 않는다. 좋은 가격에 만족스럽게 저점매수에 성공했더라도 꾸준히 매매하며 종목과 비중을 변경한다. 그렇게 매매 빈도를 높이면 수익률을 높일 수 있다고 생각하며 매일 매매일지를 기록하는 사람들도 있다. 또 우리는 기계가 아닌데 자신이 정해놓은 손익지점에서 기계적으로 거래하는 게 중요하다고 생각하는 사람들도 있다.

　하지만 장기투자로 텐베거를 얻을 수 있는데 항상 10~30%의 수익 실현을 철칙으로 삼는 것은 이상하다. 수익이 났다는 이유나 손실이 났다는 이유로 보유주식을 매도하는 것은 좋은 투자가 아니다. 모든 매매에서 중요한 기준은 그 종목의 실적과 현재 가격, 그리고 더 좋은 종목의 유무이다. 리밸런싱을 한다면 이렇게 확실한 기준을 가지고 하는 것이 좋다. 예를 들어 KB금융의 주가가 상승하여 배당수익률이 4% 이하가 되었을 때, 또 같은 섹터의 우리금융지주의 PER, PBR이 낮고 배당수익률이 6% 정도로 높다면 그제야 리밸런싱하는 것이다.

그리고 현금비중의 조절을 중요하게 생각하는 분들도 많은데, 현금비중을 이용한 투자는 엄밀히 말하자면 숏 투자와 같다. 포트폴리오의 수익률이 높다거나 주가의 상승이 과하다고 판단해 현금비중을 조절하는 것은 얼핏 좋은 전략으로 보이지만, 결국 싸게 사서 비싸게 팔 수 있다는 과신에 가깝다.

그런 의미에서 때로는 무관심이 가장 좋은 매매전략이 될 수 있다. 십여년 전 영화를 보려고 상영시간을 기다리던 중, 옆 테이블에 멋진 노부부가 앉으시더니 볼펜으로 무언가를 가득 쓴 A4용지를 몇 장 꺼내셨다. 호기심에 얼핏 보았더니 수많은 주식 종목이 적혀 있었고 그분들의 대화로 봐서는 모두 보유하고 있는 종목이었다. 비록 각각의 수량은 잘 보이지 않았지만, 얼핏 봐도 삼성전자, S-Oil 등 100여 개가 넘는 종목에 투자하고 계셨다.

디지털 시대에 수기로 적은 종이를 확인하시는 모습이 신기해 지금까지 기억하고 있는데, 아마 이분들이 이 주식을 계속 보유하셨다면 십수 년이 지난 지금까지 충분하게 노후 자금을 마련할 창구가 되었으리라 생각한다.

약은 약사에게,
종목 리서치는 전문가에게

투자가 어려운 분들뿐만 아니라 투자 경험자들에게도 꼭 필요한 것이 증권사들에서 나오는 증권사 리포트이다. 굳이 증권사 사이트를 찾아가지 않더라도 네이버페이 증권에 들어가면 종목별 리서치를 PDF로 받아 볼 수 있다.

그런데 투자 경력이 오래된 분들은 증권사 애널리스트들의 분석 능력을 무시하거나 개미투자자에게 주식을 비싸게 매도하기 위한 증권사의 의도가 들어있다고 생각하시는 분들도 있다. 하지만 이는 옳지 않은 관점이다. 분석에 필요한 인프라와 시스템이 없는 개인이 종목분석에 뛰어든다고 생각해보자. 개인이 접근할 수 있는 자료도 제한적이고 자기 생각이 객관적인 분석을 방해할 수도 있다. 그렇다면 전문가들이 만들어 놓은 양질의 자료들이 무료로 공개되어 있는데 안 볼 이유가 있을까?

만약 내가 투자할 종목을 찾았다면 반드시 과거부터 현재까지 증권사 리포트를 확인하자. 전문가들의 깊이 있는 분석으로 미처 알지 못한 정보도 알 수 있고, 여러 증권사의 자료를 교차검증하여 한 종목을 다양한 관점에서 개괄적으로 확인할 수도 있다.

증권사의 리포트 예시

005930 · 반도체

삼성전자
2Q24 잠정실적: 깜짝실적? 지속가능!

- 메모리 가격 회복과 SDC 수요 개선에 따른 실적 호조
- 2분기의 실적 호조 요인 향후 지속 가능 판단
- 투자의견 '매수' 및 목표주가 110,000원 유지

2Q24 잠정실적 리뷰: 메모리 가격 회복과 SDC 수요 개선에 따른 실적 호조

동사의 2Q24 잠정실적은 매출액 74.0조원(QoQ +2.9%), 영업이익 10.4조원(QoQ +57.3%)를 기록했다. 부문별 영업이익은 MX/NW 2.3조원, DS 6.6조원(메모리 7.3조원, 파운드리 -0.6조원), SDC 0.8조원, VD/DA 0.3조원, HM 0.3조원으로 추정한다. 아직 구체적 실적 집계가 공시되기 전이기에 데이터포인트는 월말에 확인할 수 있겠으나, 실적 호조의 상당 부분은 1) 메모리 가격 회복과 그에 따른 충당금 환입, 2) SDC 실적 호조에서 기인한 것으로 보인다.

Equity Research
2024.7.5

[반도체]
김영건
younggun.kim.a@miraeasset.com

출처: 미래에셋증권

    여담이지만 과거 직장에서 결재문서를 만들 때, 단 몇 페이지에 핵심을 담아낸 증권사의 리포트 작성 방식을 참고하기도 했다. 그만큼 읽거나 이해하기 쉬운 자료라는 것은 분명하다. 수없이 많은 매크로 지표와 시황을 빠르게 이해하려면 최적의 선택일 것이다. 단지 업계 특성상 호의적으로 분석한 경우가 많으니 이 점만 충분히 주의하자.

    또 내가 알고 싶은 종목 외에도 산업과 시황, 투자 등 다양한 분야의 리포트가 있으니 잘만 이용한다면 투자의 길을 밝혀줄 길잡이로 충분할 것이다. 투자 전 리포트 확인을 루틴으로 삼고 다양한 정보를 무기로 삼아 고수익을 노려보자.

PART
5

배당투자의
마지막 큰 관문, 세금

투자 금액이 커질수록 절세는 더욱 중요해진다. 아무리 투자수익률이 높더라도 절세하지 못하면 밑 빠진 독에 물 붓기처럼 자산은 쉽게 불어나지 않는다. 우리가 투자하면서 마주해야 하는 세금 항목은 수없이 많지만 그렇다고 투자를 외면할 수는 없다. 주식투자가 세금을 대하는 자세와 세금의 종류, 주식투자에 따른 세금과 건강보험료 계산, 투자수익을 올리기 위한 절세 방법까지 모두 알아보도록 하자.

주식투자와 세금의
동상이몽

배당투자를 하는 분들이 항상 골치 아파하는 게 있다. 바로 세금과 건강보험료이다. '소득 있는 곳에 세금 있다'라는 말은 얼핏 맞는 것 같지만 현실은 그렇지 않다. 사람들은 언제나 우회할 방법을 찾기 때문이다.

1696년 영국 정부가 주택의 창문 개수에 따라 세금을 부여하는 '창문세(window tax)'를 만들자, 사람들은 세금을 피하려 창문을 막아버렸다. 정부는 의도한 것처럼 세금을 걷지도 못하고, 국민은 국민대로 햇빛이 들지 않는 건물에서 불편하게 사는 결과를 낳았다.

이처럼 세금 제도는 우리 사회를 바람직한 방향으로 작동하도록 만들어지는 것이 좋겠지만 사람들의 선택에 따라 그 의도와 다르게 가는 경우가 많다. 주택 양도세를 내지 않으려고 2년 이상 보유 기간을 채우는 것은 기본이다. 또 자동차세를 줄이려는 사람들을 위해 보조석이 많이 붙은 카니발이나 코란도 같은 트럭 스타일의 차도 나오고 있다.

하지만 내가 세금을 말하는 이유는 주식에 대한 조세정책의 잘잘못이나 정치를 따지려는 것이 아니다. 결국 투자에서 세금은 무시할 수 없고, 투자자는 조세정책의 변화에 따라 투자의 방향을 유연하게 바꾸며 자산을 지켜야 하기 때문이다. 주식투자에 따른 세금이 늘어 거래나 배당의 기대수익이 낮아지면 주가가 하락하거나 부동산 등 다른 투자처로 움직일 것이다. 반대로 부동산 관련 세금이 늘어난다면 주식시장에 자본이 유입되겠지만 말이다.

주식에 투자할 때 세금 부담과 복잡한 조세제도 때문에 투자를 꺼리는 사람들도 있다. 하지만 이는 국내 주식시장의 약화 요인으로 꾸준히 제기된 문제이기에 정부도 이 부분을 개선하려고 노력하는 모습을 보여주고 있다.

절세에 필수적인 'ISA(개인종합자산관리계좌)'의 경우, 2024년 2월 발표된 개편안에서 납입한도 및 비과세한도의 상향과 금융소득종합과세 대상자들도 가입할 수 있는 국내 투자형 ISA의 신설이 등장했다. 우리는 이런 정부의 발표에서 투자의 실마리를 찾을 수 있다. ISA를 통해 국내 고배당주들에 자금이 수혈되고 리레이팅 가능성을 높게 생각한다면 선점해두는 것도 좋은 방법이다.

그리고 2025년 시행 예정인 '금융투자소득세'의 경우, 주식부터 채권, 파생상품 등 금융투자로 얻은 소득에 일정 공제한도를 제외하고 22%~27.5%의 세금을 부과하는 법이다. 찬반양론이 뜨겁지만 시행 후 증시 침체를 예상하는 투자자라면 인버스에서 기회를 노리거나 현금화 후 관망할 수도 있다. 또는 해외증시로 투자금을 옮기는 사람도 있을 것이다.

배당투자자로서는 장기투자 포트폴리오 안에서 금융투자소득의 지분이 크지 않고, 기존에 이미 배당소득세를 내고 있었기에 이 금융투자소득세가 호재인지 악재인지 단언하기 어렵다. 하지만 확실한 것은 금융투자소득세의 시행 조건으로 국내 주식 매매 시 발생하는 0.18%의 증권거래세가 없어진다면 분명 증시 거래량은 늘어날 것이다. 자연스럽게 장기투자보다 단기투자의 수요가 늘 것이고 ETF에 투자할 이유도 줄어든다.

다만 증권거래세가 사라지면 거래수수료를 받는 증권주와 단기투자자에게는 분명한 호재지만, 장기투자자들과 그들이 선호하는 고배당 종목들은 상대적으로 불이익을 받는 셈이다. 그러면 정부가 단기투자를 조장한다는 비난을 피하려 장기투자자를 위한 우대세율 등의 세제지원을 의논할 수도 있다.

금융투자소득세뿐만 아니라 한국증시 밸류업 프로그램에서 지적한 상속세의 변화에 따라서도 투자의 방향이 달라질 수 있다. 상속세가 높아지면 기업은 세금을 납부하기 위해 배당을 늘릴 수 있고, 반대로 상속세를 줄여도 세금 부담을 더 줄이기 위해 낮은 주가를 유지하려고 할 수도 있다. 앞으로 계속 투자할 생각이 있다면 이렇게 제도 변화에 따른 증시의 움직임을 파악하는 것이 중요하다.

특히 개인투자자들은 최대 49.5%에 달하는 종합소득세의 누진세율을 낮추기 위해 ISA나 '리츠분리과세'를 이용하거나 필요한 경우 법인을 설립하는 등 최대한 절세를 시도해야 한다. 그리고 실제로 금융투자소득세가 시행되면 '최대 5,000만 원 공제'와 '손실이월공제' 등으로 절세를 극대화할 수도 있을 것이다. 종합소득세에 추가로 따라오는 8% 정도의 건강보험료도 무시할 수 없으니, 앞에서 말한 분리과세 상품을 이용하거나 부부나 가족 명의로 금융소득을 분산하는 것도 고려할 수 있겠다.

지금까지 주식 관련 세금 제도와 절세상품에 따른 투자의 아이디어를 정리했지만 중요한 만큼 마지막으로 한 번만 더 정리해보자. 우리가 지분을 보유한 기업은 법인세, 소득세, 부가가치세, 지방세 등 모든 세금을 낸 후 이익의 일부를 주주에게 배당한다. 그러면 주주는 배당소득에서 이자소득세율과 마찬가지로 지방세 포함 15.4%의 세금을 원천징수한 차액을 받게 된다. 이때 이자와 배당 등 금융소득이 연 2,000만 원을 넘으면 초과분은 근로소득 등 다른 소득과 합쳐져 누진과세의 대상자가 되며, 이에 따라 건강보험료 납부금도 인상된다. 특히 건강보험 피부양자의 경우 자격이 상실될 수 있으니 주의하여야 한다.

기업이라면 다양한 방법으로 세금을 소비자에게 편리하게 전가할 수 있지만, 개인은 그럴 수 없으니 배당을 받기 전부터 절세계획을 꼼꼼히 세워야 한다. 그리고 세제 관련 제도는 꾸준히 바뀌고 있으니 항상 확인하고 투자의 방향을 정하는 것이 좋다. 자칫 실수로 종합과세대상자가 되면 ISA 가입이 불가능해지고 연금계좌의 세액공제 한도 혜택을 잃게 된다. 또 연말정산 시 부양가족의 인적공제 항목 중 기본공제 대상자에서 제외되는 등 다양한 제도에서 누리던 혜택이 삽시간에 사라진다.

세금은 위에서 본 것처럼 언제나 복잡하고 이해하기 어렵지만 결코 무시하거나 외면해서는 안 된다. 누누이 말하지만, 투자자는 어떤 사태에서도 유연하게 대처할 수 있게 다양한 주제를 고민해야 하기 때문이다. 다음 장부터는 주식투자자가 필수적으로 알아야 할 특정 세금들을 자세히 알아보자.

세금의 기초부터
알아봅시다

　주식과 관련된 세금만 알아도 문제가 해결되면 좋겠지만, 아무래도 금융소득세는 조건에 따라 종합과세에 포함되니 간략하게나마 모두 언급하는 것이 옳을 것 같다. 소득세법에 따르면 우리의 소득은 다음과 같이 크게 8가지로 나눌 수 있다.

　각 소득의 개념을 쉽게 설명하자면 이자소득은 예금의 이자, 배당소득은 주식에서 이익의 분배로 받는 소득, 사업소득은 사업체를 운영하는 개인이 사업에서 얻는 소득, 근로소득은 보통의 직장인들이 받는 월급이나 연봉을 말한다. 또 연금소득은 국민연금이나 공무원연금 등의 공적연금소득과 연금저축계좌에서 연금 형태로 받는 사적연금소득을 말하며 퇴직소득은 근로자의 퇴직 시 일시에 지급받는 소득, 양도소득은 토지·건물·주식 등 자산의 양도로 인해 발생하는 소득이다. 그리고 기타소득은 다른 7가지 소득 이외의 모든 소득으로 원고료, 강의료, 복권 당첨금, 현상금, 유실물 습득으로 인한 소득 등으로 이해하면 된다. 참고로 기타소득은 일시적 대가 등의 여부가 판단의 중요한 근거가 된다. 예를 들어 강의료, 원고료라고 하더라도 191쪽 가장 아래의 표처럼 소득의 구분이 달라질 수 있다.

소득세법상 소득의 구분

소득 구분			
종합소득	이자소득	종합과세	합산 2,000만 원 초과 시 종합과세
	배당소득		
	사업소득		종합과세
	근로소득		
	연금소득		공적연금: 종합과세 연금저축: 1,500만 원 초과 시 종합과세
	기타소득		필요경비 제외 300만 원 초과 시 종합과세
금융투자소득	퇴직소득	분류과세	분리과세 (종합소득에 포함되지 않음)
	양도소득		

수익 형태에 따른 기타소득 구분

구분	판단	소득 구분
강의료	고용 관계	근로소득
	프리랜서	사업소득
	일시, 우발적 소득	기타소득
원고료	회사 사보	근로소득
	프리랜서	사업소득
	일시, 우발적 소득	기타소득

우리가 내는 세금은 원천징수가 기본

위에서 말한 것처럼 소득 형태에 따라 세금이 원천징수 되고. 이후 모든 종합소득을 합산해 종합과세로 이어진다. 원천징수 세율은 아래와 같다.

원천징수 세율

이자소득: 15.4%(소득세 14% + 지방소득세 1.4%)

배당소득: 15.4%(소득세 14% + 지방소득세 1.4%)

사업소득: 수입금액의 3.3%를 원천징수

근로소득: 간이세액표에 따라 원천징수

연금소득: 공적연금소득의 경우 간이세액표, 사적연금소득의 경우 아래 표 참조

기타소득: 기타소득금액(수입금액 – 필요경비)의 20%를 원천징수
　　　　　※ 60% 경비인정 시 40%의 20%, 즉 전체금액의 8.8% 원천징수

퇴직소득: 퇴직 시 원천징수

우리가 가장 익숙한 일반 근로소득을 예로 들자면, 간이세액표에 따라 매월 급여에서 원천징수를 할 것이다. 그리고 연말이 되면 각종 소득공제를 적용한 과세표준액에 따라 실제 소득세를 계산하고 기납부세액과 비교하여 결정세액에 따른 연말정산을 하게 된다. 연말정산의 경

우 매년 조금씩 바뀌기 때문에 미리 확인해둘 필요가 있다.

금융소득(이자소득, 배당소득)의 경우 지방세 포함 15.4%의 세율로 원천징수를 진행한다. 만약 세전 연간 금융소득이 2,000만 원을 초과하면 초과분을 다른 종합소득과 합산한 후 종합과세하는데 이것을 금융소득종합과세라고 한다. 연금소득에서 사적연금의 종합과세 기준과 세율은 대략 아래 표와 같다.

연간 사적연금 수령액에 따른 세율

연간 사적연금 수령액	세율
1,500만 원 이하	연금소득세 만 55세~70세 : 5.5% 만 70세~80세 : 4.4% 만 80세 이상 : 3.3%
1,500만 원 초과	연금소득 전액에 대하여 종합과세 또는 분리과세(16.5%) 선택

누진세의 쓴 맛, 종합소득세

국가는 국내에 거주하는 사람들이 벌어들이는 모든 소득에 세금을 부과하고 종류에 상관없이 모든 소득을 합산하여 종합과세하는 것을 기본원칙으로 한다. 따라서 우리는 연간 종합소득세 신고 기간(과세기간 이듬해 5월 1일~5월 31일)이 되면 종합소득세를 신고하고 내야 한다.

종합소득세를 계산하려면 금융소득(이자소득, 배당소득)과 사업소득(부동산 임대), 근로소득, 연금소득, 기타소득을 합한 종합소득금액에서 소득공제를 제한 후 나온 종합소득 과세표준에 따라 구간별 세율(6%~45%)을 곱하여 나온 산출세액에서 가산세(무신고가산세, 납부지연가산세 등)를 더하고, 세액공제와 세액감면, 기납부세액을 제하면 최종 납부(환급)할 세액을 구할 수 있다.

만약 근로소득이나 퇴직소득, 연금소득만 있는 경우 종합소득세 신고 대상에서 제외된다. 따라서 일반적으로 회사에서 대신해왔을 근로소득 연말정산만 해봤다면, 금융소득 2,000만원 초과 시 금융소득종합과세에 따른 종합소득세 신고는 낯설 수도 있다.

이때 일정하게 쌓이는 수입이 아닌 일시적 양도소득 및 퇴직소득에 대한 과세표준은 각각 구분하여 계산해야 하고, 퇴직금이나 금융투자소득, 주식 매매차익, 복권 당첨금 등은 종합과세나 건강보험료의 산정에서 제외된다는 것을 기억하자.

소득별 종합소득세율 일람

과세표준	세율	누진공제액
1,400만 원 이하	6%	–
1,400만 원 초과 ~ 5,000만 원 이하	15%	126만 원
5,000만 원 초과 ~ 8,800만 원 이하	24%	576만 원
8,800만 원 초과 ~ 1억5,000만 원 이하	35%	1,544만 원
1억5,000만 원 초과 ~ 3억 원 이하	38%	1,994만 원
3억 원 초과 ~ 5억 원 이하	40%	2,594만 원
5억 원 초과 ~ 10억 원 이하	42%	3,594만 원
10억 원 초과	45%	6,594만 원

* 지방세 10% 미포함

배당투자자들의 공포, 금융소득종합과세 부수기

배당투자에 관한 질문 중 가장 많은 것이 바로 세금 관련 사항이다. 배당소득세와 금융소득종합과세 등 세금폭탄의 두려움 때문에 배당투자를 꺼리거나 배당으로 노후를 준비하는 것을 추천하지 않는 분들도 많다. 주식을 주제로 적은 책이지만, 세금에 관한 설명을 비중 있게 할애한 이유이기도 하다.

이번 장에서는 세금의 종류나 정의를 늘어놓기보다, 위에서 설명한 것을 바탕으로 다양한 사례의 종합소득세 계산을 준비했다. 자신의 자산 상태와 비슷한 예시를 찾으면 좀 더 이해가 쉬울 것 같다. 각종 공제 항목은 계산에서 제외하였다.

근로소득만 있는 과세표준 9,000만 원의 경우

근로소득만 있는 경우 연말정산을 하였으면 종합소득세 신고를 하지 않아도 된다. 종합소득세는 근로소득에 세율을 곱하고, 여기에 누진공제를 제하여 구할 수 있다.

9,000만 원(근로소득) × 35%(세율) − 1,544만 원(누진공제) = 1,606만 원

근로소득 과세표준 9,000만 원 + 퇴직소득 2억4,000만 원의 경우

퇴직소득은 별도의 정산을 통해 원천징수만 하면 되는 분류과세 대상이고, 근로소득만 있으므로 종합소득세 신고를 하지 않고 연말정산만 하면 된다. 종합소득세는 위와 같다.

근로소득 과세표준 9,000만 원 + 배당소득 1,000만 원 + 이자소득 500만 원의 경우

금융소득의 합이 2,000만 원을 초과하지 않아, 배당소득과 이자소득은 원천징수세율에 따라 분리과세되고 근로소득만 연말정산하면 된다. 종합소득세는 마찬가지로 위와 같다.

근로소득 과세표준 9,000만 원 + 국내 주식 배당소득 9,000만 원의 경우

금융소득이 2,000만 원을 초과하기 때문에 금융소득종합과세의 대상이 된다. 종합과세의 기준금액을 초과한 금융소득 7,000만 원과 근로소득 9,000만 원을 합산한 1억6,000만 원이 종합소득과세 적용 대상이다.

> 1억6,000만 원(금융소득+근로소득) × 38%(세율) − 1,994만 원(누진공제)
> = 4,086만 원

금융소득 중 종합과세 기준금액 2,000만 원은 14%의 원천징수세율에 따른 280만 원을 납부한 것으로 결산이 끝나며, 초과분 7,000만 원은 기납부세금과 종합과세금액을 비교하여 차액을 추가납입하면 된다.

국내 주식 배당소득만 9,000만 원

종합과세 기준금액인 2,000만 원은 14%의 원천징수세율에 따른 280만 원을 납부한 것으로 종결되고, 종합과세 기준금액을 초과한 금융소득 7,000만 원에 대한 종합소득과세를 계산하면 된다. 7,000만 원에 대한 원천징수 배당소득세액 980만 원을 아래의 종합소득세에서 차감하면 124만 원이 누진세에 해당한다.

> 7,000만 원(종합과세 기준금액 초과분) × 24%(세율) − 576만 원(누진공제)
> = 1,104만 원

만약 국내 주식에 투자하고 있고 근로소득 등 다른 종합소득이 없다면 누진세율이 적용되지 않는 금융소득의 상한액은 7,760만 원으로 산출세액은 14%인 10,864,000원에 지방세를 포함하여 11,950,400원이다.

{2,000만 원(종합과세 기준금액) × 14%(원천세율)} + {5,760만 원 × 24%(세율)
− 576만 원} = 7,760만 원(누진세율 미적용 금융소득) × 원천징수 세율(14%)
= 10,864,000원

위 배당소득만으로 노후를 준비한다면 소득세와 지방세를 제한 순수 배당 입금액은 연 65,649,600원이고 월 5,470,800원의 현금흐름이 가능하다는 계산이 나온다.

그렇다면 뒤에서 다루겠지만 많은 분이 투자 중인 미국 주식에서 누진세율이 적용되지 않는 금융소득 상한액은 얼마일까? 2,000만 원의 15.0%인 300만 원이 원천징수되고, 나머지 금융소득에 대해 종합소득 과세와 원천징수액이 같아지는 금액은 8,400만 원이다.

{2,000만 원 × 15%(원천세율)} + {6,400만 원 × 24%(세율)} − 576만 원(누진공제)
= 8,400만 원 × 15%(세율) = 1,260만 원

※ 금융소득세율 : 국내 주식 14.0%, 미국 주식 15.0%

투자 이야기_국내외 주식의 배당소득세 이야기

국내 주식의 배당소득세율은 15.4%(14%의 소득세 + 소득세의 10%에 해당하는 지방소득세 1.4%)이며, 만약 해외의 배당소득세율이 국내보다 높다면 그 국가에 납부하는 것으로 배당소득세 계산이 끝난다. 하지만 배당소득세율이 14%보다 낮은 국가라면 우리는 차액은 국내에 추가로 납부해야 한다.

예로 설명하자면 미국 주식의 배당소득세율은 15%, 중국 주식의 배당소득세율은 10%이다. 미국의 배당소득세율은 국내보다 높기에 추가로 배당소득세와 이에 따른 지방세를 납부하지 않아 총 세율은 국내 주식이 더 크다. 중국 주식에 투자했다면 국내 배당소득세율과의 갭 4%에 지방세를 더해 총 4.4%의 소득세를 내게 되어 총 14.4%의 세율을 적용받는다.

투자자들의 뜨거운 감자, 금융투자소득세

    우리나라는 지금까지 개인투자자가 국내의 주식, 채권, 펀드, 파생상품을 거래하며 발생한 양도차익에는 과세하지 않았다. 오직 대주주가 주식을 양도할 때의 차익에만 20%(과세표준 3억 원 초과는 25%)의 세금을 부과하였다.

키워드_대주주의 기준

양도소득세가 부과되는 대주주의 기준: 대주주 판정일(폐장 이틀 전) 상장주식의 한 종목 50억 원 이상 보유 또는 지분율 일정 규모(코스피 1%·코스닥 2%·코넥스 4%) 이상인 경우

대주주가 되면 매매차익에 대해 양도소득세를 내야 하므로, 연말이면 큰손 투자자들이 양도소득세 회피를 위해 주식을 매도하는 일이 많았다. 이렇게 매년 말 시장의 변동성이 요동치자, 대주주들의 주식매도 현상을 줄이기 위해 2023년 말 국무회의를 통해 기준을 10억 원에서 50억 원 이상으로 조정했다.

하지만 2025년 1월부터 주식투자로 발생한 5,000만 원 이상의 양도소득에는 투자 규모와 상관없이 모두 세금을 매기는 금융투자소득세가 시행될 예정이다. 투자자들의 반발이 크고 주식시장에 미칠 충격을 가늠할 수 없어 예정대로 시행할지는 알 수 없지만, 꾸준히 제기되는 문제이다 보니 언젠가는 결국 도입될 가능성이 매우 크다. 따라서 금융투자소득세를 미리 알아둘 필요는 있다.

그런데 예민한 독자라면 '양도소득세와 금융투자소득세는 같은 것 아닌가?'라는 생각이 들 수 있다. 일견 대주주 양도소득세와 금융투자소득세는 주식 양도소득에 대한 소득세라는 점에서 대주주 기준만이 차이로 보일 수 있다.

하지만 현행 양도소득세는 아무리 많은 주식을 보유하더라도 양도세 판정일이 지나기 전까지 주식을 매도하면 양도소득 금액에 상관없이 비과세 대상이 되고, 금융투자소득세는 대주주나 소액주주 여부와 무관하게 상장주식의 양도차익에 대해 일정 금액을 공제한 후 세율에 따라 과세한다는 점에서 큰 차이가 있다.

결국 시행될 금융투자소득세, 제대로 알아봅시다

금융투자소득세는 모든 투자자를 대상으로 주식, 채권, 펀드 등 금융투자상품으로부터 실현된 소득을 합산하여 과세하는 것을 말한다. 소득이 과세 대상인 점에서 거래대금에 과세하는 증권거래세와는 다르다. 기획재정부 자료에 의하면 과세의 방법은 아래와 같다.

금융투자소득세의 과세 방법

과세표준	(금융투자 소득금액 − 금융투자 이월 결손금) − 기본공제액		
결손금 이월공제	과세기간 개시일 전 5년 이내 발생한 금융투자 결손금		
금융투자소득	국내상장주식 주식형 펀드	수익 5,000만 원 공제	
기본공제액	기타 금융소득(가상자산 포함)	합산 250만 원 공제	
과세방법	1년에 2회(1월, 7월) 원천징수 후 다음 연도 5월에 정산		
세율	과세표준	3억 원 이하 금액　22.0%	지방세 포함
		3억 원 초과 금액　27.5%	

출처: 기획재정부

누구나 일정 수익이 발생하면 세금이 부과되며, 기본공제금액은 국내상장주식의 경우 5,000만 원, 그리고 해외 주식과 파생상품의 경우 250만 원을 공제 후 초과금액에 대하여 위 과세표준에 따라 22%~27.5%를 과세한다는 게 주요 골자다.

해외 주식에 투자하던 사람들은 이미 250만 원의 공제 후 양도소득세를 내고 있었기 때문에 이 조치는 국내 주식시장에 특히 큰 파급을 불러올 것이다. 참고로 종합과세의 대상인 금융소득과는 달리, 금융투자소득세는 분류과세 항목이기 때문에 건보료 체계에서 소득에 합산되지는 않는다.

미국 주식 vs 국내 주식,
누가 이득일까?

국내 주식의 금융투자소득세와 비슷한 미국 주식 및 미국상장 ETF(한국에 상장한 미국 ETF의 경우 매매차익은 모두 배당소득으로 계산)의 양도세를 알아보자. 앞에서 말한 것처럼 미국 주식에 투자했다면 연간 공제금액 250만 원을 제외한 수익의 22%(양도소득세 20% + 지방소득세 2%)를 다음 해 5월에 신고납부해야 한다.

이 양도세는 년 단위 손익을 모아서 계산하기 때문에, 이를 이용해 세금 부담을 줄일 수도 있다. 예를 들어 매수가 대비 500만 원 이득인 엔비디아 주식과 매수가 대비 250만 원의 손실을 보고 있는 테슬라의 주주라고 가정해보자. 이때 엔비디아만 매도해 500만 원을 얻는다면 55만 원의 양도소득세를 내야 한다(500만 원 - 250만 원) × 22% = 55만 원)).

하지만 같은 해에 평가손실 상태인 테슬라 주식을 매도하여 250만 원의 손실을 확정하고 매도 수량만큼 다시 매수하면 양도소득세가 발생하지 않는다(엔비디아 수익 500만 원 - 테슬라 손실 250만 원 - 공제 250만 원 = 0원). 미국 주식과 국내 주식은 손익통산되지 않는 것이 기본이지만, 양도소득세가 부과되는 상장법인의 대주주 양도분, 비상장주 양도분은 통산할 수 있다.

참고로 미국 주식의 경우 매매 후 2영업일이 되는 날 권리가 확정되기 때문에 날짜 계산에 주의해야 한다. 만약 자신이 12월 31일에 주식을 매매했다면 그 주식의 손익 계산 시점은 다음 해로 넘어가게 된다.

또 일반 달러 예금의 환차익이 비과세인 것과 다르게, 해외 주식을 매매할 때는 환율변동으로 인한 환차익이나 손실도 양도차익에 반영하여 과세한다. 환율변동의 기준일은 환전 여부와 상관없이 결제일로 계산하면 된다.

미국 주식에 투자하는 국내상장 ETF vs 미국상장 ETF

우리가 ETF로 미국 주식에 투자한다면, 미국에 상장된 ETF와 국내에 상장된 ETF 두 가지 옵션이 있다. 같은 성격의 ETF라면 같은 기초지수를 추종하기 때문에, 수익률에선 큰 차이가 없다. 하지만 가장 큰 차이는 바로 세금이다.

해외 ETF에 투자한 경우, 배당금은 금융소득으로, 매매차익은 앞에서 설명한 개별종목의 매매차익 양도세로 계산하여 분류과세하면 된다. 또 국내에 상장된 해외 ETF는 매매차익에 대한 양도소득세가 없는 대신 매매차익 전부를 배당소득으로 보고 과세하기 때문에 배당금과 매매차익 모두 금융소득으로 계산되는 것에 주의해야 한다.

해외 ETF 투자의 팁이라면, 국내에 상장된 해외 ETF에 투자하면 ISA나 IRP 계좌 등을 이용해 매수할 수 있어 비과세와 절세와 분리과세 효과를 누릴 수 있다는 것이다. ISA나 연금저축펀드를 통해 국내에 상장된 해외 ETF를 매수하여 절세효과를 누리고, 한도 이상의 금액은 해외 ETF에 직접투자하는 것이 절세에 유리하다. 본인의 투자액에 따라 금융소득에 따른 종합과세 여부를 미리 계산하고, 현명하게 절세전략을 세운 뒤 투자금을 나눠보자.

상장 지역에 따른 주요 차이점을 정리하자면 다음과 같다.

상장 지역에 따른 차이 비교

구분	국내 상장 해외 ETF	역외 상장 해외 ETF
배당소득세	15.4%	15.0%
양도소득세	15.4% (배당소득으로 간주, 종합과세 대상) ※ 매매차익과 과표증분 중 적은 금액에 대하여 과세	250만 원 공제 후 22% (분리과세)
	양도소득 833만 원 이상 ~ 2,000만 원(다른 금융소득 포함) 이하는 국내 상장 해외 ETF가 유리 ※ 과표증분 미반영 시	
상품 예	TIGER 미국나스닥 100 TIGER 미국배당다우존스 TIGER 미국나스닥100커버드콜(합성)	QQQ SCHD QYLD
절세계좌	ISA, IRP, 연금저축펀드 등 절세계좌를 통한 매매 가능	일반계좌만 가능
거래 통화	원화	달러(환전 수수료 발생)
거래 시간	국내 주식시장 거래시간	해외 주식시장 거래시간
손익통산	불가	가능

금융소득종합과세보다
더 무서운 건강보험료

주식투자로 인한 금융소득세와 금융소득종합과세, 금융투자소득세까지 모두 이야기했다. 더 이상 고민할 필요 없이 세금 부분을 마무리할 수 있으면 좋겠지만, 배당주 투자를 어렵게 하는 문턱은 하나 더 남아있다. 바로 건강보험료와 장기요양보험료를 내야 한다는 것이다. 우선 건강보험의 자격에 따른 소득 기준과 부과체계를 알아보자.

먼저 직장가입자와 지역가입자는 건강보험료와 더불어 소득에 대하여 0.9182%의 장기요양보험료도 납부해야 한다. 직장가입자로서 투자히고 있다면, 건강보험료의 절반은 회사에서 부담할 테니 초과소득에 대한 것만 본인이 부담하면 된다. 직장에서 납부하는 보험료는 원천징수 대상이므로, 매달 날아오는 건강보험공단의 고지서를 통해 초과소득의 부분을 내면 끝이다.

자격에 따른 소득 기준 및 부과체계

자격	보험료 산정 대상 및 소득 기준
직장가입자	급여소득 외 초과소득(소득 중 보험료 산정 시 사용되는 보수에 미포함된 소득) 연 2,000만 원 초과 시 건강보험료 인상
피부양자	직계존비속 등의 경우 아래 기준 중 하나에 해당하면 피부양자 자격 상실 – 합산소득 연 2,000만 원 초과 – 합산소득 연 1,000만 원 초과 & 재산과표 기준 5억4,000만 원 초과 – 재산과표 기준 9억 원 초과
지역가입자	소득점수합산방식 : 가입자의 소득, 재산(전월세 포함) 등을 기준으로 정한 부과소 별 점수를 합산한 보험료 부과점수에 점수당 금액(208.4원)을 곱하여 보험료를 산정한 후 경감률을 적용하여 세대 단위로 부과

자격 종류	구분	보험료율	부담주체			참고
			개인	사업주	국가	
직 장 가 입 자	건강보험	보수월액의 7.09%	3.545% (50%)	3.545% (50%)	–	급여소득 외 2,000만 원의 초과소득에 대하여 7.09% 추가납부
	장기요양보험	보수월액의 0.9182%	0.4591% (50%)	0.4591% (50%)	–	급여소득 외 2,000만 원의 초과소득에 대하여 0.9182% 추가납부
피 부 양 자	건강보험 + 장기요양보험	–	–	–	100%	피부양자 자격 요건 충족하여야 함
지 역 가 입 자	건강보험	세대별 부과요소(소득, 재산)별 환산점수를 합산하여 보험료 부과점수를 구하고 점수당 금액(208.4원)을 곱해 산출				소득보험료는 직장가입자와 동일한 방식으로 보험료율 적용 자세한 계산은 국민건강보험공단에서 확인할 수 있음
	장기요양보험	건강보험료 × (0.9182/7.09)				

＊ 보험료율과 장기요양보험료율, 부과점수 당 금액은 매년 변경될 수 있음
＊ 보수월액의 계산은 직전년도 기준임

일반적으로 '급여소득이 없는 지역가입자가 배당만으로 생활하면 배당의 23%는 세금으로 나간다'라는 말이 있다. 이 말은 종합과세 누진세율이 적용되지 않는다는 가정하에 국내 주식 배당소득에서 배당소득세(15.4%), 건강보험료(7.09%), 장기요양보험료(0.9182%)을 모두 더한 23.4082%를 의미하는 것이다. 자연스럽게 배당금의 76.5918%만 생활비로 사용할 수 있게 된다.

위의 표에 등장한 직장가입자의 초과소득 계산 및 소득평가율 분류는 아래와 같다. 다만 금융소득이 1,000만 원을 넘어가는 경우에만 금융소득 전체를 초과소득 계산에 포함하는 점에 주의하자.

직장가입자의 초과소득 계산 및 평가율

소득 종류	합산금액	소득평가율
금융소득	비과세, 분리과세를 제외한 금융소득(이자소득, 배당소득)이 1,000만 원을 초과할 경우 전액	100%
사업소득	필요경비 공제 후 금액	
기타소득		
연금소득	총연금수령액(사적연금 제외)	50%
보수 외 근로소득	주된 직장 외 소득	

급여소득 이외의 초과소득 계산은 종합소득세처럼 사례를 통해 자세히 알아보자.

급여소득 + 배당소득 900만 원 + 사업소득 1,900만 원의 경우

➡ 금융소득이 1,000만 원을 초과하지 않기 때문에 급여소득 외 초과소득에는 사업소득 1,900만 원만 들어가고, 이 경우 2,000만 원을 초과하지 않기 때문에 건강보험료를 추가로 내지 않는다.

급여소득 + 배당소득 1,200만 원 + 사업소득 1,600만 원의 경우

➡ 금융소득이 1,000만 원을 초과하기 때문에 배당소득과 사업소득을 더한 2,800만 원에서 2,000만 원을 초과한 800만 원에 대한 7.09%의 건강보험료(월 47,270원)와 0.9182%의 장기요양보험료(월 6,110원)를 추가로 납부하면 된다.

직장은 직원의 급여소득 외 추가소득을 알 수도 없고 사적인 영역이어서 추가납부 대상자는 개인적으로 따로 납부해야 하지만, 국민건강보험공단에서 매년 10월 국세청 자료를 근거로 친절하게 계산해서 11월부터 다음 해 10월까지 고지서를 보내주기 때문에 직접 계산하거나 신고납부할 필요는 없다.

사실 직장가입자나 지역가입자는 금융소득 때문에 건강보험료가 엄청나게 오르진 않는다. 따라서 보험료 인상을 피하려고 배당을 피하는 것은 어불성설이다. 실제로 금융소득이 건강보험료를 위협하는 것은 피부양자 자격자인 경우이다. 이들은 보험료를 내지 않아도 건강보험을 이용할 수 있고, 이외에도 다양한 혜택이 있어 미리 소득요건과 재산요건 기준에 주의해야 한다. 자칫 놓치고 있던 배당소득 때문에 피부양자소득요건을 넘기면 지역가입자로 전환되기 때문이다. 물론 금융소득을 무한정 피하는 것이 정답은 아니니 종합적으로 판단하여 득실을 따지는 것이 현명한 재테크일 것이다.

PART
6

절세,
세(稅)플레이션에서 살아남기

금융소득에 따른 세금과 건강보험료는 당연히 내야 하지만 부담되는 것도
사실이다. 더군다나 앞에서 본 것처럼 배당수익률에 민감한 배당주 장기투
자자에게는 더욱 시리게 다가온다. 우리의 시드머니를 지키기 위해 비과세,
분리과세 상품들로 실질수익률을 올리는 것이 절세다. 또한, 이런 상품들의
금융소득은 종합과세 여부를 판단하는 2,000만 원의 기준금액에 포함되지
않아 배당투자자에게 더 중요하다.

때마침 최근 정부의 금융 정책 기조도 절세상품들로 주식투자를 유도, 국
내증시 활성화와 저평가 해소를 노리고 있다. 그리고 이런 절세 정책과 가
장 시너지가 좋은 것이 바로 배당주 장기투자이다. 이제 필수 절세계좌 3
형제인 연금저축과 IRP, ISA를 살펴보고 이를 어떻게 주식투자에 활용하면
좋을지 생각해보자.

아무도 내 노후를 책임지지 않는다. 답은 퇴직연금이다

현실적으로 국민연금 등 공적연금만으로 노후를 준비하기에는 부족하다. 각종 미디어에는 연금의 고갈 뉴스가 넘쳐난다. 이에 따라 정부는 다양한 연금계좌에 세제 혜택을 주어 개인이 스스로 노후를 준비하도록 유도하고 있다. 대표적인 특징으로는 납입 당시 세액공제 혜택을 받을 수 있고 55세 이후에 연금을 받으면 비교적 낮은 연금소득세가

두 종류의 연금저축 비교

구분	연금저축펀드	연금저축보험
운용주체	증권사	보험사
납입방식	사유납	전기납
수익률	실적배당	공시이율
연금수령기간	확정기간	종신 or 확정기간(생명보험사) 확정기간(손해보험사)
예금자보호	없음	적용

부과되는 점이 눈에 띈다. 우리가 기억해야 할 연금저축의 종류 및 특징은 앞의 표와 같다.

연금저축보험은 보험사가 운용하는 상품으로, 일종의 적금과 같이 정기적으로 납입해야 한다. 그리고 은행 예금금리와 비슷한 개념의 공시이율에 따라 수익률이 정해진다. 예금자를 보호하는 등 안정적이지만 예금과 비슷하게 장기수익률이 낮다는 단점도 있다.

따라서 꾸준히 투자할 투자자라면 투자성과에 따라 연금액이 결정되는 연금저축펀드에 가입하는 것이 좋은 선택이다. 세액공제를 통한 절세효과뿐만 아니라, 이자와 배당에 따른 소득세(15.4%)도 연금수령 시기까지 미뤄진다는 강력한 장점이 있다.

또 연간 연금수령액 1,500만 원까지는 낮은 이율의 연금소득세 (3.3%~5.5%)만 내면 되고, 1,500만 원을 초과할 경우에는 종합과세 또는 분리과세를 선택할 수도 있다. 때문에 과세이연 효과를 극대화할 수 있도록 배당주나 한국 상장 해외ETF 위주로 포트폴리오를 구성하는 것이 좋다.

다만 연금저축은 중도해지나 일부 인출할 때 기타소득세 16.5%를 내야 하는데, 근로소득이 5,500만 원이 넘어서 13.2%의 세액공제 혜택을 받았던 사람이라면 오히려 손해를 볼 수 있다. 차후에 주택마련 등 급하게 돈을 쓸 일이 있다면 신중하게 가입하자. 통상적으로 연금저축계좌에서 연금을 받으려면 만 55세 이후, 가입일로부터 5년이 지나야 한다.

직장인, 자영업자라면 퇴직연금 IRP를

노후 대비와 세금 혜택을 받을 수 있는 연금저축펀드과 유사한 상품으로 IRP(개인형 퇴직연금)가 있다. IRP는 근로자가 퇴직금이나 추가 적립금을 자신의 명의로 개설한 퇴직연금계좌에 자유롭게 적립하고 운용할 수 있는 제도다. 연금저축과 마찬가지로 세제 혜택도 있고 만 55세 이후부터 연금으로 받을 수 있는데 연금저축과의 차이점은 아래와 같다.

개인연금과 퇴직연금의 차이

	개인연금(연금저축)			퇴직연금(IRP)	
가입대상	제한없음			근로소득자, 자영업자	
납입한도	– 모든 금융기관의 연금저축과 IRP를 합산하여 사적연금 연간 납입한도 1,800만 원까지 입금 가능 – ISA 만기 시 60일 이내에 만기자금 일부나 전부를 연금저축, IRP에 전환 가능				
세액공제한도	연금저축과 IRP 합산 연 최대 900만 원(연금저축은 600만 원 한도)				
연말정산 세액공제	종합소득금액 (근로소득금액)	세액공제한도	공제율	공제금액 한도	
	4,500만 원 이하 (5,500만 원 이하)	600만 원 (900만 원)	16.5%	99만 원 (148만5,000원)	
	4,500만 원 초과 (5,500만 원 초과)		13.2%	79만2,000원 (118만8,000원)	
투자가능상품	펀드, ETF, 리츠 (위험자산 투자 제한 없음)			예금, 채권, 펀드, ETF, 리츠 등 (위험자산 투자 70%로 제한)	
숭노인출/해시	세엑공제 밀지 읺은 금엑 인출 가능			이려옴(I건 흐즉 시 기능)	
단점	원리금 보장상품(예·적금) 투자 불가능			금융사의 계좌관리 수수료 발생 (수수료율은 금융사마다 다름)	
연금수령	최초 납입일부터 5년이 지나고 만 55세 이상 시 수령 가능				

퇴직연금

퇴직연금은 근로자가 재직하는 동안 회사에서 근로자의 퇴직급여를 회사 외부의 금융기관에 적립한 후 DB형 또는 DC형으로 운용하다가 55세 이후에 연금 또는 일시금으로 수령할 수 있도록 한 제도이다. 퇴직연금의 종류는 아래와 같다.

1. 퇴직연금 DB형(확정급여형) : 기존에 있던 퇴직금과 비슷한 형태로 근로자가 퇴직을 할 때 받을 퇴직급여가 사전에 확정된 제도이다. 회사는 퇴직연금 부담금을 적립하여 자기의 책임으로 계속 운용하다가 퇴직 시 퇴사 직전 3개월의 평균 월급을 근속연수에 곱하여 지급하는 것을 보장해준다.

2. 퇴직연금 DC형(확정기여형) : 사용자인 회사가 납입할 부담금은 매년 근로자의 연간임금총액의 1/12로 확정된 제도이다. 이 퇴직금을 근로자 본인이 직접 운용할 수 있고 퇴직 시 적립금과 운용수익을 퇴직급여로 지급받는다.

3. IRP(개인형 퇴직연금) : 근로자가 직장을 옮기거나 퇴직 시 지급받은 퇴직급여를 한 계좌로 모아 연금으로 관리하면서 운용하도록 한 퇴직연금 전용계좌 제도이다. DB, DC형과 달리 근로소득자나 자영업자가 자유롭게 가입할 수 있고 세액공제와 추가 불입이 가능하다는 장점이 있다.

전천후
절세계좌 ISA

ISA(개인종합자산관리계좌)는 정부에서 국민에게 자산 형성 기회를 제공하기 위해 도입한 제도로, 세금 혜택을 받으며 주식부터 펀드, ETF, 채권, 리츠, RP 등 대부분의 금융상품을 매매할 수 있는 만능 통장이다. 중개형, 신탁형, 일임형 3가지 종류가 있는데 이중 투자자가 직접 국내 상장주식을 거래할 수 있고 신탁보수도 없는 중개형 ISA가 가장 인기가 높다.

중개형 ISA는 다시 일반형과 서민형으로 나눌 수 있으며 총 급여액 5,000만 원 이하 근로자 또는 종합소득 3,800만 원 이하 사업자, 농어민의 경우 좀 더 세금 혜택이 좋은 서민형에 가입할 수 있다. 일반계좌와 비교한 ISA의 세금 혜택은 다음과 같다.

일반계좌와 ISA의 차이

구분	일반계좌	ISA
국내 주식, 채권의 매매차익	비과세	비과세
주식 배당금, 채권 이자 과세대상 투자상품 (ETF, 펀드, ELS 등)	원천징수 15.4% 또는 종합과세 시 6.6%~49.5%	과세표준 200만 원 (서민형 400만 원) 비과세, 초과소득 9.9% 저율과세

구분	장점	단점
ISA 특징	– 국내 주식의 매매차손에 대하여 손익통산 가능 – 분리과세	– 전 금융권에서 1인당 1개 계좌만 개설 가능 – 1년 2,000만 원 입금한도(이월가능), 총납입한도 1억 원 – 3년간 의무가입기간 계좌 유지 및 수익 입출금 불가 – 해외 주식 직접투자 불가 – 직전 3년 내 금융소득종합과세자 가입 불가

ISA는 연말정산에서 세액공제 혜택을 받을 수 없어 세액공제 혜택이 있는 연금저축펀드에 먼저 가입하는 것도 좋다. 하지만 연말정산을 하지 않는 투자자라면 ISA를 먼저 개설하여 투자하는 것을 추천한다.

비록 연말정산에 직접적인 세액공제 혜택은 없더라도 ISA의 3년 만기를 채우고 60일 이내에 연금저축펀드나 IRP 계좌에 이체하면 연소득에 따라 최대 300만 원까지 13.2%나 16.5%의 세액공제 혜택을 받을 수 있다. 이렇게 되면 ISA의 만기자금이 들어간 해에는 연금저축펀드와 IRP의 세액공제 한도 900만 원에 300만 원을 더하여 1,200만 원까지 세액공제 한도가 늘어나게 된다.

또 이 혜택은 연금계좌의 연간 1,800만 원 납입 한도와 상관없이 추가 납입이 가능해서 장기적인 자산관리에 유리하다. 또 손익통산 후 소득에 대하여 200만 원(서민형 400만 원) 한도 비과세 후 초과하는 부분에 대해서는 9.9% 분리과세가 가능한 점이 최대 장점이다.

위에서 정리한 ISA의 손익통산과 저율과세 효과는 아래 예시처럼 일반계좌로 투자했을 때와 비교해보면 그 장점을 쉽게 알 수 있다.

ISA의 손익통산 예시

TIGER 미국나스닥 100 : 900만 원 매매차익 → 손익통산(배당소득으로 간주)
삼성전자 : 300만 원 매매차익 → 국내 주식의 매매차익은 손익통산 미포함(비과세)
삼성전자 : 900만 원 배당소득 → 손익통산(배당소득)
현대차 : 300만 원 매매차익 → 국내 주식의 매매차익은 손익통산 미포함(비과세)
포스코홀딩스 : 800만 원 매매손실 → 국내 주식의 매매차익은 비과세이지만 손실은 손익통산함

* 국내 주식이나 국내 주식형 ETF의 경우 매매차익이 비과세여서 고배당주가 아니면 ISA로 매매할 필요는 적으나 계산의 이해를 돕기 위해 포함하여 설명함.

구분	일반계좌	ISA
수익	2,400만 원	2,400만 원
손실	800만 원	800만 원
과세대상수익	1,800만 원 (해외 ETF 매매차익 + 배당소득)	1,000만 원(해외 ETF 매매차익 + 배당소득 − 국내 주식 매매손실)
비과세혜택	없음	400만 원
세율	1,800만 원 × 15.4%	(1,000만 원 − 400만 원) × 9.9%
세금	2,772,000원	594,000원
절세	· 2,772,000원 − 594,000원 = 2,178,000원 · 분리과세	

주의할 것은 ISA의 비과세 한도 200만 원(서민형 400만 원)은 3년을 유지하나 10년을 유지하나 비과세 혜택이 같다는 것이다. 따라서 최소 기한인 3년을 유지했다면 해지하고 재가입해서 비과세 한도를 새로 받는 것이 유리하다.

이렇게 ISA의 만기를 무한으로 연장하기보다 3년마다 해지와 가입을 반복하며 비과세 효과를 극대화하는 것도 좋고, 만약 가입 중 금융소득종합과세자가 되었다면 ISA에 재가입이 안 되기 때문에 이때는 만기를 최대한 연장해서 장기로 길게 가져가는 것이 좋다. 이 경우 해지 시점 한정으로 한 번에 9.9%의 저율로 분리과세를 받을 수도 있고 종합소득세와 건보료에도 포함되지 않으니 그것도 나쁘지 않다. 가입 기간의 문제는 각자의 상황에 따라 전략적으로 활용하자.

배당주,
절세계좌와의 최고의 콜라보

얼마 전 주식투자를 하는 지인이 물어봤다.

"○○씨, 저 궁금한 게 하나 있는데… 셀트리온을 사고팔 때 ISA에 가입해야 하나요? 그냥 쓰고 있던 계좌로 거래하면 안 되나요?"

의외로 많은 분이 ISA나 IRP 등 절세상품들을 이용하지 않는 이유를 알 수 있는 질문이었다. 우선 저 질문에 대한 정답은 '상관없다'가 맞을 것이다. 셀트리온처럼 배당금이 약간 나오지만 이에 신경을 쓰지 않는 투자자이거나 높은 변동성을 이용한 시세차익 위주로 짧게 투자하는 사람이라면 딱히 절세가 필요한 부분은 없다. 오히려 국내 주식의 매매차익은 비과세인 상태이니 자칫 절세상품에 돈이 묶여 낭패를 볼 수도 있다.

우리가 주식을 통해 얻을 수 있는 수익의 종류는 매매차익과 배당소득으로 나눌 수 있고 주식을 매매하는 계좌는 크게 위탁계좌, IRP(연금

저축펀드), ISA 3가지가 있다. 이때 배당이 없거나 배당수익률은 낮은 성
장주에 시세차익을 노리고 투자하면 위탁계좌를 이용해 매매하는 것
이 좋다.

만약 투자 금액이 얼마 되지 않는다면 절세계좌를 이용하는 것이 가
장 좋겠지만, 절세계좌에도 납입 한도가 있어 절세와 상관없는 종목들
로 절세계좌를 채우는 것은 좋지 않다.

그리고 고배당 종목들은 절세계좌, 저배당 종목들은 위탁계좌로 운
영하는 것이 좋다. 계좌별 투자 가능 여부를 반영한 투자 우선순위를
추천하자면 아래와 같다. 계좌와 종목의 시너지를 잘 활용하여 재테크
와 세테크를 동시에 잡도록 하자.

계좌별 특징을 반영한 투자 우선순위

계좌	투자 우선순위
위탁계좌	국내 주식(ETF), 미국 주식, 미국 배당주, 미국 주식 ETF, 미국 배당주 ETF
ISA	국내 배당주
연금저축, IRP	국내 배당주 ETF, 국내 상장 미국 배당주 ETF

절세계좌 투자의
BEST 시나리오

지금까지 설명한 절세계좌를 활용해 절세와 과세이연 효과를 최대한
누릴 수 있는 가장 효율적인 투자순서는 아래와 같다.

1. 연금저축 600만 원 : 연말정산 세액공제 한도 600만 원

2. IRP 300만 원 : 연말정산 세액공제 한도 900만 원

3. 연금저축 900만 원 : 사적연금 연간 납입한도 1,800만 원

4. ISA 2,000만 원 : 연간 납입한도 2,000만 원

5. 일반계좌 투자 : 3,800만 원(1번~4번 합산금액)을 초과한 금액

6. 매년 위 순서로 투자를 하면서 3년마다 ISA를 해지하여 연금저축
   에 추가 납입 및 ISA 재개설을 반복

주의할 점은 절세에 치중한 나머지 투자의 주목적인 자산증식과 현

금 유동성을 무시하면 안 된다는 것이다. 절세효과를 위해 배당주 위주의 투자만 고집하다 보면 시세차익을 놓칠 수도 있고 생애주기에 따라 결혼, 주택마련, 실업 등 큰돈이 들어가는 시기에 연금계좌에 큰돈이 묶여서 어려울 수도 있다.

안정적인 소득을 보장할 수 없거나 연말정산 대상자가 아니라면 자산 유동화가 가능한 점에서 연금저축이나 IRP에 비해 3년간만 유지해도 세제 혜택을 받을 수 있는 ISA 계좌를 우선하여 투자하는 것을 권하고 싶다.

우리가 투자로 재테크를 하는 경우 투자의 답을 투자에서만 찾으려고 하는 경우가 많다. 하지만 성공적인 장기투자는 투자 외적인 부분에 중요한 답이 있다. 바로 소득과 절세이다. 투자는 물의 분자(H_2O) 구조와 같다고 생각해도 좋을 것 같다. 성공적인 투자(O)에 필요한 건 기본적으로 몸값을 높이고 근로소득을 절약하여 투자금을 마련(H)하고, 절세(H)로 수익률을 높이는 양쪽의 추진력이다.

배당투자의 가장 큰 단점은 근로소득과 합산되어 종합과세 된다는 점이다. 점점 근로소득이 높아지면서 근로소득과 배당소득에 대한 세부담이 급증하며 자산증식의 큰 장애물로 떠오를 것이다. 이 허들을 넘기 위해서 반드시 최적의 절세계좌 포트폴리오를 짜 놓고 그 틀에서 투자하는 것이 중요하다.

법인설립은
상황에 따라

절세를 위해 법인투자 방식으로 매매하는 방법도 있다. 미국 주식에 투자하는 개인은 매매차익이 양도소득세로 과세되어 250만 원을 공제 후 22%의 세율을 적용받지만, 법인은 법인세 세율에 따라 최대 2억 원까지 9.9%의 세금만 납부하면 된다. 추후 금융투자소득세가 시행되면 국내 주식에 투자하더라도 기본공제 5,000만 원을 제외하고 20~25%의 양도세가 부과되므로 법인설립을 통해 법인세 세율을 적용받는 것이 투자에 더 유리할 수 있다.

법인의 주식투자 결산 시 보유한 유가증권은 12월 31일 종가로 평가하여 손익에 반영한다. 하지만 평가손익은 법인세법상 과세하지 않고 해당 주식을 처분해서 실제로 실현된 이익에 대해서만 그해에 과세된다.
또 이런 장점 이외에도 사업연도에 발생한 소득에서 임직원 급여, 차

법인세 세율

과세표준	세율(법인지방세율 10% 제외)	누진공제
2억 원 이하	9%	–
2억 원 초과 ~ 200억 원 이하	19%	2,000만 원
200억 원 초과 ~ 3,000억 원 이하	21%	4억2,000만 원
3,000억 원 초과	24%	94억2,000만 원

량 구입비, 차량 유지비, 접대비, 소모품비 등 업무와 관련된 지출을 비용으로 차감한 뒤 세금을 적용받을 수도 있고, 개인 투자와 달리 손실을 최장 15년간 이월공제하여 법인세를 절감하는 것도 가능하다. 추가로 건강보험도 직장가입자로 전환되어 적정한 보수 책정을 통해 건강보험료의 절감도 누릴 수 있다.

하지만 당연히 장점만 있지는 않다. 2억 원 이하로 투자할 때의 법인세율은 9.9%이며 개인의 양도세는 22%로 법인이 유리하지만, 주식투자로 얻은 이익을 회사에서 법인의 주주인 개인에게로 배당하면 15.4%의 배당소득세를 추가로 내야 한다. 즉 법인을 설립해 주식에 투자하고 그 수익을 사적으로 사용하려면 법인세와 배당소득세를 모두 부담해야 한다는 것이다. 그리고 법인체를 만들고 유지하기 위한 설립비용 등의 법무비, 월 20만 원 내외의 세무기장료 등이 유지 비용으로 발생한다는 점도 고려해야 한다.

개인투자자들의 투자법인 설립 관련 문의가 많다 보니 얼마 전 기획재정부에서는 법인설립에 의한 투자는 개인의 직접투자보다 세금을 더 많이 내는 등 실익이 없다고 보도자료를 발표하기도 했다. 하지만 분명 법인설립이 절세에 유리할 때가 있으니 잘 비교해서 결정하는 것이 좋다.

연금저축의
단점은?

사실 이 이야기는 적어야 하나 많이 고민한 부분이다. 세액공제와 세금이연으로 절세할 수 있는 연금저축은 분명 필수 재테크 방법이긴 하다. 하지만 배당주 장기투자로 복리의 극대화를 추구하는 투자자로서 연금을 받을 때의 낮은 과세가 과연 얼마만큼 이익인지 계산해보는 것이 필요하다. 과연 연금저축은 무조건 이익일까?

연금저축이나 IRP 같은 세제적격연금상품의 경우 연금수령액 1,500만 원까지는 3.3%~5.5% 의 연금소득세가 부과되고, 1,500만 원을 넘는 금액은 분리과세(16.5%) 또는 종합소득과세의 세율을 선택해야 한다. 매달 125만 원까지는 뛰어난 혜택을 받지만 초과하는 부분은 상당히 높은 세금을 적용받는다는 의미다.

또 연금을 받을 때 근로소득이나 배당소득 등 종합소득에 해당하는 수익이 많다면 세제적격 연금상품은 오히려 손해일 수 있다. 연금저축에 들어간 돈도 20년에서 30년의 장기투자를 거치면 상당히 많은 금액으로 불어나 있을 것이고, 이 금액에도 연금소득세가 붙을 수 있다는 점도 고려해야 한다.

이런 경우들을 종합해서 원금의 13.2~16.5% 세율보다 불어난 연금 수령액에 대한 소득세의 총액이 더 많을 수 있는 점은 놓치지 말아야 하고 특히 연금저축의 세액공제 혜택을 받을 수 없는 사람이라면 더 세밀히 계산해봐야 한다. 노후 계획과 소득수준에 따라 금융소득종합과세가 우려되는 경우에는 오히려 변액연금이나 일반 연금보험처럼 연금 수령 시 이자소득세가 비과세되는 세제비적격상품에도 일정 부분 투자하는 것이 훨씬 좋은 선택일 수 있다.

투자와 세금 그리고 절세, 문제풀이로 이해 쏙쏙!!

지금까지 투자에 필요한 세금 상식과 절세상품에 관한 것들을 간단히 정리했다. 세법이라는 방대한 체계에서 필요한 것만 말하다 보니 설명하지 못한 부분도 있다. 하지만 주식투자를 하는 분들에게는 이 책의 내용 정도면 투자에 문제가 없으리라 생각한다. 본문의 내용을 조금 더 쉽게 이해할 수 있도록 몇 가지 사례를 문제로 준비했다. 가벼운 마음으로 풀어보자.

Q. ISA로 SK텔레콤에 투자하여 500만 원의 매매차익과 500만 원의 배당소득이 발생했어요. 과세는 어떻게 되는 건가요?

A. 우선 대주주가 아닌 일반투자자의 경우 국내 주식의 매매차익은 전액 비과세입니다. 그리고 일반계좌에서 500만 원의 배당소득이 발생했다면 15.4% 원천징수 후 다음 해의 금융소득종합과세대상

여부에 따라 종합소득세 신고를 하면 됩니다. 하지만 ISA에서 발생한 배당소득의 경우 계좌가 만기 되면 다른 손익과 통산한 순소득에 대하여 200만 원(서민형은 400만 원)까지 비과세 대상이고, 이를 초과한 금액은 지방세를 포함한 9.9%라는 세율로 분리과세됩니다.

Q. 근로소득도 있고 배당소득도 있는데 연 4,000만 원의 사적연금소득까지 있어서 금융소득종합과세가 걱정이에요. 연금 수령 기간을 조정해야 할까요?

A. 무조건 종합과세 되는 근로소득, 배당소득과는 달리 사적연금소득의 경우 종합과세 또는 분리과세 중 선택을 할 수가 있습니다. 연간 1,500만 원 이내 금액은 연금 수령기간에 따라 3.3%~5.5%의 세율로 원천징수 되고, 1,500만 원을 초과할 경우에는 연금소득세 전액 종합과세 또는 4,000만 원에 대하여 16.5%의 세율로 6,600,000원의 금액만 분리과세하면 됩니다.
참고로 연금수령액이 1,500만 원을 넘더라도 16.5%의 세율로 분리과세 되는 것이 무조건 이익은 아닙니다. 다른 소득이 많지 않다면 종합소득세 신고를 통해 환급받을 수도 있으니 잘 비교해보는 것이 좋습니다.

Q. 수익을 조금이라도 올리기 위해 증권사에 주식대여 약정을 했는데 매월 2만 원 정도의 돈이 들어오고 있어요. 이 금액도 배당소득처럼 종

합소득세로 신고해야 하나요?

A. 장기투자자의 경우 추가수익을 위해 보유한 주식을 대여해주고 일정량의 수수료를 받는 분들이 많습니다. 저도 그렇게 하고 있어요. 이렇게 주식 대여를 통해 얻은 수수료는 기타소득에 해당합니다. 그리고 수수료를 받을 때 22%의 세율로 원천징수되고 입금됩니다. 만약 이 수수료를 포함해 1년간 얻은 기타소득의 합이 300만 원을 초과한다면 다른 종합소득과 합산하여 종합소득세 신고를 해야 합니다.

Q. 애플에 투자하여 1,000만 원의 양도차익이 발생했어요. 그런데 국내에 투자한 한국토지신탁은 손절할 수밖에 없어 1,500만 원의 손실도 생겼어요. 둘을 더하면 결국 저는 손해를 본 것인데 어떻게 손익통산을 할 수 있을까요?

A. 해외 주식과 국내 주식의 과세대상 양도차손익은 통산이 됩니다. 하지만 국내 상장주식인 한국토지신탁은 대주주가 아니라면 과세의 대상이 아니기 때문에 손실에 대해서도 통산을 해주지 않습니다. 이 경우에는 애플에 투자하여 얻은 1,000만 원에 비과세 250만 원을 제한 750만 원의 22%인 165만 원을 분류과세로 납부해야 합니다. 이 경우 손익통산이 가능한 평가액 손실 중인 미국 주식을 보유 중이라면 매도 후 재매수하여 절세하는 방법을 사용하는 것은 가능합니다.

Q. 연금계좌에서 KODEX 200에 투자하여 4,000만 원의 매매차익과 200만 원의 분배금이 생겼어요. 세금은 어떻게 되는 건가요?

A. 분배금 200만 원의 경우 과세이연으로 절세가 되지만 국내 주식형 ETF인 KODEX 200의 매매차익 4,000만 원에 대해서는 연금으로 받을 때 연금소득세를 내야하고 중도인출을 하여도 기타소득세 16.5%를 내야 합니다. 매매차익에 대해 비과세인 국내 주식형ETF를 투자할 경우 연금계좌를 통해 투자하는 것은 좋지 않습니다. 매매차익 대부분이 배당소득으로 과세되는 국내상장해외 ETF 등 기타 ETF가 연금계좌의 과세이연효과를 누리기에 좋습니다.

PART
7

장기투자자 쭈압의
솔직담백한 모든 생각들

우리는 투자하며 쌓인 경험과 지식, 사는 환경에 따라 똑같은 현상도 타인과 다르게 해석하고 판단하여 결정을 내린다. 모두가 같은 생각을 한다면 주식시장에서 거래는 이루어지지 않을 것이다. 경제가 불황이어도 주가는 계속 오를 수 있고, 한국증시의 미래가 어둡다며 해외에 투자하는 사람들이 늘어나더라도 정작 해외의 자금이 국내증시로 계속 들어오기도 한다. 배당주의 인기가 없어지면 그만큼 또 배당주는 좋은 가격이 된다. 지금까지 투자를 해오면서 쌓인 배당투자자 쭈압의 생각들을 다양한 각도로 말해보는 것도 다른 투자자분들에게 좋은 참고가 될 것 같다.

10단 호가창을
바라보며

주식을 매매하려면 반드시 봐야 하는 화면이 있다. 바로 10단 호가창이다. 이용하는 증권사에 따라 조금씩 다르지만 보통 10단계로 표시되는 매도호가의 최저·최고가격과 현재 체결가격과 체결수량, 매수매도 총잔량, 시가와 고가, 저가 등이 표시된다.

나의 지인 중 한 명은 10단 호가창만 잘 지켜봐도 강세와 약세, 세력의 의도와 프로그램 매매 동향, 외국인의 매매 여부 등을 알 수 있고 수익도 충분히 낼 수 있다고 믿는다. 일정 부분 동의하는 면도 있으나 호가창의 정보는 너무나도 제한적이며 엉뚱하게 해석하기 쉽다는 문제가 있어서 투자를 판단하는데 좋은 정보가 아니라고 생각한다. 아래의 호가창을 보자.

14,930원에 매도가 쌓여있는 모습

182	15,020	0.13%	
57	15,010	0.07%	
765	15,000	0.00%	
1,219	14,990	0.07%	
247	14,980	0.13%	
76	14,970	0.20%	
101	14,960	0.27%	
467	14,950	0.33%	
186	14,940	0.40%	
82,752	14,930	0.47%	
	14,920	0.53%	1,123
	14,910	0.60%	132
	저 14,900	0.67%	2,586
	14,890	0.73%	1,291
	14,880	0.80%	1,121
	14,870	0.87%	1,032
	14,860	0.93%	1,310
	14,850	1.00%	2,150
	14,840	1.07%	45
	14,830	1.13%	45

이 종목을 보유한 투자자들은 매도호가 14,930원에 쌓인 82,752주의 매도물량을 보고 매도세가 강하다고 생각하기 쉽다. 그래서 당일 하락을 예상하고 수익실현 또는 재매수를 목적으로 14,920원에 매도주문을 내기 일쑤이다. 아무래도 14,930원에 매도주문을 내면 체결이 쉽지 않을 것 같으니 너도나도 14,920원에 매도할 것이라는 생각이 들 수도 있다. 반대로 이 종목을 매수하고 싶은 투자자는 바로 위 가격대에 매물이 많으니 아무래도 14,920원에 매수하기가 좀 꺼려지게 마련이다.

하지만 실제 매매는 호가에 보이는 수량대로 움직이지는 않는다. 기관 등 많은 금액으로 투자하는 매수 주체들은 최대한 가격의 상승을 억제하며 많은 수량을 매수하려고 할 것이다. 14,930원에 쌓인 매도물량은 매수하기에 좋은 기회이다. 이번엔 아래와 같이 반대의 상황을 생각해보자.

14,910원에 매수가 쌓여있는 모습

182	15,020	0.13%	
57	15,010	0.07%	
765	15,000	0.00%	
919	14,990	0.07%	
247	14,980	0.13%	
76	14,970	0.20%	
101	14,960	0.27%	
65	14,950	0.33%	
186	14,940	0.40%	
52	14,930	0.47%	
	14,920	0.53%	3,122
	14,910	0.60%	83,132
저	14,900	0.67%	2,586
	14,890	0.73%	1,291
	14,880	0.80%	1,121
	14,870	0.87%	1,032
	14,860	0.93%	1,310
	14,850	1.00%	2,150
	14,840	1.07%	6,544
	14,830	1.13%	4,398

매도호가에 쌓인 물량은 적고 14,910원에 83,132주 매수주문이 있다. 팔려는 사람은 매수호가의 물량을 보고 더 높은 가격상승을 노리고 매도를 망설일 것이고 매수를 하려는 사람은 아래가격의 물량을 보고 14,920원에 매수주문을 넣을 가능성이 높다.

하지만 규모가 있는 매도주체의 시각에서는 이럴 때 가격하락 없이 매도할 수 있으니 14,910원에 물량을 내놓을 좋은 기회라고 볼 것이다. 이런 식으로 투자하는 주체와 규모에 따라 호가창을 보는 시각이 다르기에 다양하게 생각해볼 필요가 있다.

해석에 따라 신호를 정반대로 읽을 수 있기에 매매를 결정할 때 호가창에서 얻는 정보는 무시하는 것이 좋다고 생각한다. 개인적으로 호가창은 규모만 작은 또 하나의 차트라고 생각한다. 자주 보면 볼수록 뇌동매매와 단기투자를 하게 될 우려가 있고 장기투자에는 별 도움이 되지 않는다.

전문가님,
살짝 이의 있습니다

주식을 직업으로 하고 있지 않은 일반인이다 보니 내가 알고 있는 것들은 한정적이고 그나마 다 맞는 것도 아니다. 그리고 또 태반은 투자에 도움이 안 되는 것들이다. 그러다 보니 다른 분들의 의견을 지금도 많이 듣는 편인데 그동안 투자해오면서 들었던 수많은 전문가의 말들 중 어떤 의견은 크게 공감하게 되지만 동의하기 힘들었던 것들도 있게 된다. 과연 맞는 명제인지 독자님들께서도 생각해보면 좋을 것 같은 이야기들을 몇 가지 사례로 들어보겠다.

1. 시드머니로 목돈 1억 정도를 모은 후 투자를 시작하는 것이 좋다.

주식투자는 부동산 투자처럼 일정 규모 이상의 돈이 필요하지도 않고 돈 많은 사람이 유리한 것도 아니다. 투자금을 모으는 동안 주식투자를 하지 않을 이유는 없다. 목표로 삼은 돈을 다 모으고 나서 투자를 시작했다고 치자. 과연 잘 투자할 수 있을까? 아무 경험 없이 목돈을 가지고 투자를 시작하기보단 단돈 몇만 원부터라도 투자를 시작해 주가의 등락과 손익을 경험해보는 것이 좋다고 생각한다.

직장생활에서 잘 나가던 의사나 교수, 장군들이 은퇴 이후 쉽게 투자했다가 꽤 많이 손해를 보는 것처럼 첫 투자부터 큰돈으로 투자를 처음 시작하면 리스크에 대한 파악 없이 위험한 투자를 할 공산이 크다. 경험치의 양이 투자수익과 비례하진 않지만 그래도 기본적인 함정을 피하려면 적은 돈으로 미리 경험을 쌓는 것이 옳다고 생각한다.

2. 주식을 매매할 땐 분할매수 분할매도를 해야 한다.

리스크를 관리하기 위해 종목과 금액, 기간을 분할하여 매매하는 것은 중요하다. 하지만 박스권에서는 분할매매가 유용할지 몰라도 대세 상승장에서는 수익을 제한하는 방법이고 하락장에서는 오히려 리스크를 키우는 물타기에 불과할 수도 있다. 결국 모든 매매의 순간에는 항상 밸류에이션을 해야 하는 것이지 기계적으로 가격대와 비중을 정해 놓고 소수의 종목을 매매하는 것은 좋은 투자가 아니다.

3. 감정을 배제하고 기계적으로 정한 원칙에 따라 손절과 익절을 지키는 것이 중요하다.

투자하다 보면 내가 매수한 종목이 마이너스가 되는 것은 흔한 일상이다. 의외로 많은 분이 '손해를 보고는 안 판다'던지 '팔지 않으면 손해가 아니다'라는 생각으로 손실이 큰 보유주식의 반등을 무한정 기다리며 자손 대대로 물려주겠다는 각오로 투자한다.

하지만 수많은 주식 관계자가 과거의 데이터를 기반으로 연구했지만 유의미한 최적의 손절과 익절의 지점은 없었다. 큰 손실을 막기 위해 손절한 직후 반등할 수도 있고, 목표 수익에 다다라서 매도해도 더 상승할 수도 있다. 이런 매매가 가진 장점만큼 단점도 있는 셈이다. 주식을 사고파는 결정은 나의 손익 여부와 관계없이 지금 가격이 싸냐 비싸냐로만 정하는 것이 좋다.

4. 개인투자자는 자신이 잘 아는 몇 종목에 집중적으로 투자하는 것이 좋다. 보유 종목이 10개를 넘으면 분석과 관리가 힘들어서 좋지 않다.

오히려 자금력이 한정된 개인투자자일수록 분산투자를 통해 리스크를 관리할 필요가 있다. 집중투자를 해서 실패하면 돌이키기 힘든 큰 손실이 될 공산이 높다. 소수의 종목만 꾸준히 매매한다고 수익이 더 잘 나오고 리스크도 줄어든다는 생각은 납득하기 어렵다. 투자자의 자기과신이라고 생각한다. 소수 종목에 집중투자가 좋다고 생각하는 분들이라면 ETF 투자에도 반대하는 것인지 궁금하다.

5. 상승장 때 투자하고 하락장 때는 투자를 쉬는 것이 좋다.

계를 중요하게 생각하는 투자자로서 상당히 공감하는 투자철학이다. 하지만 안타깝게도 어느 순간이 상승장과 하락장의 시작인지 알기는 쉽지 않다. 그래서 차선책으로 주식이 가지고 있는 장기 우상향의 가능성을 믿고 많은 종목에 장기투자를 하는 것이다.

상승장과 하락장은 지난 다음에야 알 수 있다고 생각한다. 누구나 상승세라고 말하던 시장이 어느 순간 갑자기 손바닥 뒤집듯 바뀌어버리는 일은 흔하다. 폭락장도 마찬가지다. 내가 매도하면 반등하는 경우가 비일비재하다. 상승장이 시작할 때쯤 매수하면서 수량을 늘린다는 전략도 말로만 쉬울 뿐이다. 나 같은 경우 장의 추세와 거래량, 경기 사이클, 기관과 외국인 동향 등 언제 변할지 모르는 부분은 그다지 신경 쓰지 않는다.

6. 투자자금의 전액 투자는 위험하다. 유사시를 대비해서 항상 현금 비중을 유지하라.

70% 주식에 30% 현금 비중이라고 생각해보자. 주가가 하락하면 추가매수를 통해 평단가를 낮출 수 있다. 하지만 이런 매매가 이어지면 현금 비중은 줄어들고 결국 주식의 비중이 100%가 될 뿐이다.

다른 곳에 쓸 돈이 아닌 투자자금이라면 현금비율 유지는 별 의미가 없다. 현금보유는 숏 포지션과 마찬가지이다. 집값이 하락하리라 믿고 내 집을 판 뒤 몇 년간 전세나 월세로 사는 것과도 비슷하다.

나 같은 경우 돈이 생기면 그 순간 좋은 주식을 찾아서 매수하고 항상 계좌의 전 비중을 주식으로 갖고 있으려고 한다. 생각해보면 전액 투자가 매일 등락하는 주식시장에서 내 계좌를 지키는 방법일 수도 있다고 생각한다. 하락을 다 얻어맞은 투자자가 상승도 다 찾아 먹는 법이다.

7. 주식시장에 있는 일정한 패턴을 파악해야 한다.

골든크로스, 데드크로스부터 시작해서 파동과 추세, 패턴을 읽으려는 투자자들의 끝없는 노력이 지금도 계속되고 있다. 차트나 지표 등을 통해 찾으려고도 하고 금융위기부터 전쟁, 전염병 등 유사한 사건들의 과거 사례를 통해 주가 변동을 점치기도 한다. 나 같은 투자자는 재무 재표에서 패턴을 찾는다.

하지만 주식시장에 적용되는 일정한 규칙과 패턴이 있을까? 수많은 예외와 변수들로 인해 정답을 말하기는 어렵다. 다만 어느 정도의 오류를 인정하면서 그 오류의 확률을 좁히기 위한 노력이라고 생각도 해보지만, 지나고 보면 그것조차 새롭게 생긴 오류로 기존의 오류를 대체하는 경우가 많다. 실제로 패턴이 있다고 해도 문제는 나만 알고 있어야 한다는 것이다. 누구나 아는 패턴은 이미 효용이 없다.

8. 주식투자는 미국이 답이다. 게다가 한국의 인구감소는 치명적이다.

어느 정도는 맞는 이야기이다. 인구가 감소하는 국가에 투자하는 것은 좋지 않다. 하지만 '인구가 감소하고 있으니 집 살 사람도 없어질 테고 우리나라 부동산은 끝났다'라며 한쪽만 봐서는 안 된다. 집을 살 사람이 줄어들면 집을 지을 사람도 줄어드는 법이다.

이렇게 미래의 전망이 어둡다고 극단적으로 평가하면 현재의 좋은 가격을 못 볼 수도 있다. 미국의 인구는 우리나라의 6배 정도인 3억3,000만 명이지만 시총은 우리나라의 28배 정도로 전 세계 시총의 50% 정도를 차지한다. 국내 주식시장에도 좋은 기업이 있으니 무작정 외면하기보단 선별하여 투자하는 것도 좋다고 생각한다.

9. 적립식으로 투자하는 것이 좋다.

적립식 투자의 장점은 인정하지만 정액 분할로 적립하면 할수록 적립된 금액이 커지면서 '코스트에버리징' 효과가 사라진다. 그렇다고 정비 분할로 적립하기엔 비율에 맞춰 점점 투자금을 늘려줘야 하는데 현실적으로 쉽지 않다.

결국, 투자수익률에서 가장 중요한 것은 목돈의 진입 시점의 주가와 현금화 시점의 주가이다. 결혼을 계획한 커플이 결혼하기에 최적의 타이밍은 아파트 가격이 하락했을 때이고, 파이어를 생각하는 직장인들이 퇴사하기에 가장 좋은 시점은 투자하려는 자산의 가격이 크게 떨어졌을 때인 것과 마찬가지다. 나같이 퇴직금으로 배당주를 투자하려는 분이라면 배당주들의 가격이 하락하며 배당률이 많이 올라갔을 때가 바로 최적의 퇴직 시기이다.

10. 금리가 떨어질 때와 환율이 떨어질 때 주가는 오른다.

원화의 가치가 떨어지면 달러를 가지고 있는 외국인들에게 한국 증시의 매력이 상승하지만, 원화의 가치가 올라가면 그들은 주식을 매도하고 달러를 회수할 것이다. 환율과 환율 변동성을 다른 개념으로 구분하는 것이 좋다.

일반적으로 환율이 오르면 단기적으로는 주가가 하락할지 몰라도 장기적으로는 연관성이 엷어진다. 대표적인 환율 수혜 종목인 수출입기업들도 환율과 주가가 일치하지 않는 경우도 많다. 환율에 영향을 미치는 금리도 주가에 큰 영향을 주지만 금리가 오르며 채권시장이 약세를 보이면 채권에서 이탈한 투자자금들이 증시를 부양하는 '그레이트 로테이션' 상황이 만들어지기도 한다. 환율과 금리는 결국 경기의 영향을 받는 것이므로 투자에 있어 절대적인 기준은 될 수 없고, 예측하기도 힘든 요소이다.

　아무래도 매매 타이밍은 알 수 없다는 쪽에 가까운 투자철학으로 장기투자를 지향하다 보니 많은 분이 주장하는 위의 내용에 살짝 강하게 반대하고 있다. 하지만 트레이딩으로도 훌륭한 투자를 하시는 분들도 많다. 내가 경험한 대부분의 트레이더들은 장기 가치투자자를 쿨하게 인정했다. 나도 사실 100%는 아니지만 트레이더들의 세계를 인정한다.

　그들은 단순한 기술적 분석에 그치지 않고 인간의 심리와 거래 주체, 세상의 변화를 적극적으로 알아내려고 노력한다. 단지 나에겐 그분들을 따라갈 능력이 없을 뿐이다. 그리고 사례로 든 위 의견들도 말하는 사람, 듣는 사람, 상황과 시점에 따라 다른 의미를 말하는 경우가 많기에 내가 적어둔 내용은 그저 참고 정도로만 이용했으면 한다.

내가 주식계좌를
공개하는 이유

    오랫동안 투자하며 다른 사람들의 실전 투자 내용을 보고 싶었으나 찾기가 쉽지 않았다. KODEX 200에 20년간 투자한 분 중 한 분쯤은 기록했을 법한데 아무리 검색해도 찾을 수 없었다. 아니면 진짜 아무도 없는 것일지도 모르겠다. 그래서 내가 배당주 장기투자를 하는 과정을 기록으로 남겨보자는 생각이 들었다. 먼 훗날에 돌아봐도 재밌을 것 같았고 노후를 위해 이 길을 걸으려는 누군가에게 좋은 이정표가 될 수도 있을 것 같았다.

    먹방 유튜버는 먹는 것을 보여주고 헬스 유튜버는 근육을 보여주듯, 주식 이야기를 하려면 나의 투자현황을 솔직히 보여드리는 것이 옳다는 생각이 들었다. 그런 연유로 가지고 있는 종목과 수량, 계좌평가액을 꾸준히 공개하고 있다. 내 배당주 장기투자의 결과가 어떨지 궁금하신 분들은 몇 년에 한 번 정도 유튜브 채널에 들어오셔서 투자 기록을 확인해보시는 것도 좋을 것 같다.

앞으로도 계속 기록을 남길 예정인데 과연 내 생각처럼 10년 단위로 원금과 배당이 두 배씩 불어날 것인지 단언할 수는 없다. 그저 가지 않은 길을 걸어갈 수밖에 없다. 현재의 주식 투자금 20억 원이 과연 40년 후에는 계좌평가액 320억 원, 월 배당금 1억 6,000만 원이 되었을까? 누구나 그럴싸한 계획은 있는 법이다. 잘 되었으면 좋겠지만 나도 결과가 궁금할 따름이다.

만약 계획대로 잘 되었다면 내 돈이 늘어나는 만큼 신입사원, 김밥집 사장님, 중국집 사장님들도 다 같이 잘 살아야 하니 직장 첫 월급 4,000만 원, 김밥 한 줄이 5만 원, 짜장면 한 그릇이 10만 원쯤 하는 시대일지도 모르겠다.

나는 그동안
얼마를 벌었나?

배당주 투자로 은퇴를 계획하시는 분들이 자주 던져오는 질문들이 있다.

'월급을 얼마를 받았으며 그중에 몇 %를 저축하셨나요?'

'지금 공개하시고 있는 투자금은 처음에 어떻게 모았나요?'

'사시고 있는 집은 자가인가요? 아니면 월세인가요?'

'대출은 얼마쯤 있나요?'

평범하다면 평범한 삶과 서투른 투자, 괜찮은 목표설정으로 만들어 낸 삶이지만, 이 부분을 설명하지 않는다면 위에서 적은 주식투자 계좌공개는 그저 또 하나의 평범한 성공담에 지나지 않겠다는 생각이 들었다. 직장생활하고 평범한 투자자로서 일반적인 삶을 살아오며 돈을 벌고 쓴 내역, 재산과 집을 마련한 과정을 말씀드리면 좋은 참고가 될 것 같아 모두 공개해보도록 하겠다.

우선 근로소득이다. 1999년 9월에 입사한 뒤 2023년 9월까지 24년 간 근무를 하고 명예퇴직금이 가장 많은 시기인 정년퇴직 10년 전에 사표를 썼다.

1999년 첫 월급의 내역

지급년월	지급구분	급여	상여	실지급액
1999. 09	정기급여	301,250		319,930
1999. 10	정기급여	597,760		539,740
1999. 11	정기급여	1,028,610		1,018,830
1999. 12	정기급여	1,229,480	396,750	1,605,180
2000. 01	정기급여	876,400		854,910
2000. 02	정기급여	962,440		939,000

99년 입사를 하고 받은 첫 월급부터 반년간의 지급명세서이다. 1999년 10월 지방공기업 9급 신입사원의 급여는 54만 원이었다. 연간 3% 이상 급여가 인상되어 퇴직에 즈음한 2023년 9월 급여명세서를 보면 지급총액 5,357,660원에 소득세 47만 원, 건강보험료 25만 원 등 세금과 4대 보험 1,678,300원을 공제한 후 3,679,360원이 실수령액이었다. 입사 후 첫 월급부터 퇴사 시점까지 총 24년간의 근로소득과 세금, 4대 보험료 등은 아래와 같고 실지급액의 합계는 9억 원 정도이다.

실지급액계: 907,870,162원

급여계	989,854,160	고용보험계	5,805,920
상여계	52,557,200	소득세계	50,718,510
비과세계	23,630,230	지방소득세계	5,070,450
의료보험계	28,717,380	공제계	16,416,008
국민연금계	40,443,160	급식비계	10,890,060

부부 맞벌이 합산 내역

명목	금액(만원)	부부합산
근로소득 합	9억787	
퇴직금	2억4,649	
명예퇴직금	2억2,255	
계	13억7,691	27억5,382

여기에 퇴직 시 받은 명퇴금을 포함한 퇴직금까지 합하여 사내커플 부부 맞벌이로 계산해보면 위와 같이 27억 원 정도의 소득이 계산된다. 이 돈으로 월세를 내고 식비와 생활비를 하면서 저축과 투자를 이어왔다. 이렇게 이어 온 투자의 대략적인 성적표는 아래와 같다.

투자 성적표

생애소득	현 자산	24년간 생활비	투자소득
27.5억 원	28억~30억 원	11억5,000만 원	14억 원

자산에서 주식이 차지하는 비중이 60%~70%라서 평가 시점에 따라 변동이 좀 있다. 24년간 생활비는 투자수익에서 역산해서 계산했고 최근 지출명세서를 기준으로 확인했으니 실제 큰 차이는 없을 것이다.

이렇게 정리해보니 생각보다 생활비 항목이 엄청나게 많았다. 주거비와 관리비, 식대를 시작으로 의류비, 부양비, 취미생활에 따른 문화생활비, 병원 의료비, 보험료, 통신비, 경조사비, 꾸밈비, 각종 모임비와 회비, 자동차 관련 비용에, 부정기적으로 들어가는 이사비, 수리비, 가전제품구입비 등 말 그대로 숨만 쉬어도 주인 모르게 나가는 느낌의 돈이 많다.

물론 사회 초년기에는 생활비와 주거비 비중이 높아서 투자금을 늘리기도 쉽지 않았고 투자금이 적으니 가시적인 투자성과가 나오지도 않았다. 하지만 투자를 통해 주거가 마련된 이후 꾸준히 자산을 늘리고 안정적인 투자수익률이 나오는 배당주 장기투자가 복리의 효과를 받으며 이어지다 보니 어느 순간 근로소득이 없어도 살 수 있는 때가 왔다.

사실 내 투자 이력에서 자랑할만한 큰 성공의 순간은 없지만 꾸준한 수익이 장기적으로 나온다는 것은 훌륭한 장점이다. 물론 배당주식이 아니더라도 부동산, 채권, 창업, 노후 취업 등 소득을 거둘 방법은 많다. 본인에게 잘 맞는 방법들을 사용하여 수익을 올리는 것이 맞겠지만 그런 분들이라도 투자금 일부는 배당주에 넣어놓는 것도 위험회피에 유용하다고 생각한다. 이 기회에 배당주 장기투자의 길을 경험해보시길 추천해본다.

배당주 장기투자자 쭈압에게
무엇이든 물어보아요

유튜브를 시작한 이후 아직은 계속 지키고 있는 것이 있다. 내 영상에 달리는 모든 댓글에 답을 하는 것이다. 많은 분이 영상을 보시고 써주신 귀한 댓글들을 모른척하기가 어려워서 명쾌한 답변은 아닐지라도 답글로 감사를 표현하고 있다.

그동안 답변해온 댓글 중에서 특히 많은 분들이 궁금해하던 몇 가지를 추려 소개해보도록 하겠다. 날것의 느낌을 살리기 위해 비문이나 오타도 그대로 넣었으니 양해 바란다.

chikim＊＊＊＊
배당으로 먹고 살아도 충분하겠는데요. 화이팅! 금융 쪽은 코인이 변수라 봐요.

──── 배당금부터 말하면 노후를 위해 월 배당금 1,000만 원이면 충

분하다는 분들이 압도적으로 많다. 실제로 국민연금공단에서 작성한 '중고령자의 경제생활 및 노후준비 실태 보고서'에 따르면 부부가 희망하는 노후 생활비는 300만 원 선이다.

그리고 금융은 디지털 시대가 무르익으며 케이뱅크나 카카오뱅크 등 1금융권 인터넷전문은행과 네이버페이, 카카오페이 등이 등장했다. 지금까지 은행이 누려온 금융산업의 과점이 무너지고 있다. 여기에 CBDC(중앙은행 디지털화폐) 또는 코인 등으로 인한 탈중앙화 등 기존 시중은행의 지위와 환경이 낙관적이진 않아 금융주도 위험할 수 있다는 의견도 있다.

my84for**

개인적인 사정으로 밑바닥부터 다시 다져가야 하는 상황인데 월급은 300만 원뿐입니다. 뭐부터 해야 현명할까요?

—— 주식투자는 장기적으로 예금 이상의 수익을 기대하는 재테크다. 결국 열심히 일해서 받은 급여를 절약하고 꾸준히 투자해야 한다. 배당주에서 나온 배당을 재투자하는 식으로 꾸준히 불리는 것이 기본이고, 비록 마음이 급하겠지만 리스크를 무시한 무리한 레버리지나 고위험군 투자를 피하는 것이 중요하다.

jhkim**

금융주에 너무 많이 몰빵하신 것 같아요. 그리고 금리 인상으로 은행들이 부실채권 때문에 위험할 수도 있다고 합니다.

──── 내 포트폴리오에서 금융주가 높은 비중을 차지하다 보니 이 부분을 지적해주시는 분들이 많다. 최근에는 집중투자의 위험성 때문에 가급적 배당률이 낮더라도 다른 섹터로 분산투자하고 있다. 그리고 고금리 시기의 금융주는 높은 예대마진으로 실적이 성장하지만, 연체율이나 부실채권도 늘어나는 것이 위험요소다. 금리는 상승과 하락 모두 장단점이 있기에 단순하게 판단하기 힘들다.

pq3tf8＊＊＊＊

금융소득종합과세 세금으로 나가는 돈이 만만찮을 텐데요.

wo＊＊＊＊

배당투자 비추. 종소세 내야하고, 의료보험도 내야 함. 거의 반절 날아간다 보면 됨.

──── 배당에 따라 세금과 건보료 부담이 높아지는 것은 사실이지만 근로소득이 없다면 종합소득세에서 상당히 자유롭고, 배당소득세율도 근로소득세율과 큰 차이가 없다. 세율이 높다고 고연봉을 피하지 않는 것처럼 배당도 많이 받을수록 좋다. 그리고 과세표준 구간별로 세율이 달라지는 것이지 총액에 일괄 세율을 적용하는 것이 아니기에 50% 정도가 세금으로 나간다는 것은 잘못된 계산법이다.

hz7hs2＊＊＊＊

금융소득종합과세를 납부하시게 되었을 때 국세청 자금출처 조사대상이 될까요? 근거가 있는 소문인지 궁금합니다.

—— 주식을 매수한 자금원에 따라 국세청에서 증빙자료를 요청받을 수 있겠지만 나 같은 직장인은 투명하게 공개된 세후 급여로 투자하다 보니 주식 투자금이 배로 불어나더라도 자금출처조사 같은 일은 한 번도 없었다. 설사 그런 경우가 생기더라도 급여생활자의 주식투자는 모든 자료가 은행과 증권사에 있으니 문제 될 일은 없다.

suranna****
저도 파이어족 꿈나무여서 영상 잘 보고 있습니다. 저도 직장이 서울인 관계로 서울 자가 집을 세주고 부산이나 제주도 같은 곳에 내려가면 한참 파이어 시점을 당길 수 있다고 생각하고 계획하고 있어요. 딩크시면 더더욱 주거지를 바꾸실 수 있을 거 같은데 혹시 이주 계획은 없으신가요?

—— 주식투자를 하면서 꾸준히 신경을 쓴 것은 집을 구하는 시점이었다. 집이 없는 상태에서 주식투자나 연금, 보험 등 투자에만 몰두하면 자칫 내집 마련의 시기를 놓칠 수 있어 항상 주식시장과 부동산 시장의 가격변화를 신경 쓰며 균형을 맞추려고 했다. 집이 없을 때는 고위험 투자도 시도했지만, 대출 없는 주택이 마련된 이후 투자의 방향이 배당주 장기투자로 굳어졌고 투자성과도 더 좋아졌다.

질문에 답을 하자면 충분한 준비 없이 지방으로 이사하면 생활이 힘들어질 수 있어 굳이 차익으로 파이어를 앞당기지는 않았다.

투자는 내 마음이 편해야 오래 끌고 갈 수 있어 급격한 변화는 지양하는 편이다.

rv4tv1★★★★

월 1,000만 원 배당이 들쭉날쭉하지 않고 꾸준히 유지되거나 오른다는 보장이 있나? 즉 배당컷 없이 꾸준히 배당금이 성장해야만 의미가 있음. 배당주 투자의 기본은 "내일의 배당은 오늘보다 많거나 최소한 같아야 한다"임. 만일 그런 종목들로만 포트를 짰다면 인정.

──── 주식은 보장상품이 아니다. 위의 내용처럼 미래의 일은 알 수 없다. 한두 종목의 배당컷은 언제든 감수해야 하고 우리는 꾸준하게 배당이 늘어난 종목들을 골라 전체 포트폴리오의 평균 배당성장을 점검하는 것이 좋다. 전체 종목의 배당 합이 줄어들 수도 있으나 그건 어쩔 수 없는 부분이다.

ix6nj8★★★★

영상 잘 보고 있습니다. 현금 생기면 배당주 사신다고 했는데 주가가 많이 오르거나 코스피가 많이 올라도 사시나요? 아니면 떨어질 때까지 현금 모아놨다가 사시나요?

──── 될 수 있는 대로 낮은 가격대에 사려는 노력은 하고 있으나 기본적으로 그것은 저가매수 고가매도가 가능한 분들의 영역이라고 생각한다. 매수 타이밍을 가다듬기보다 현금이 생기면 적당히 좋은 종목들을 골라 꾸준히 매수하고 있다.

dream✱✱✱✱

주식대여? 처음 들어보네요. 완전 초보입니다.^^

——— 주식대여는 공매도 세력을 이롭게 한다고 여겨 반대하시는 분들도 있다. 하지만 장기투자자는 주가의 가치수렴을 기다리며 대여 수수료만 받으면 된다고 생각한다. 실제 주식대여로 주가가 하락한다고 해도 더 사면 그만이고, 큰돈은 아니더라도 노력 없이 얻을 수익을 포기할 이유는 없다고 생각한다.

Sam-h✱✱✱✱

진심으로 JEPI, SCHD 추천합니다. 진심.

ow6kw5✱✱✱✱

배당락 여파가 큰 국내 배당주보단, 미국의 배당주가 더 안정적인 것 같습니다. 주가 방어력도 좋고 매년 배당금도 올려주고, 저는 월배당 JEPI(연 11%) 및 리얼티인컴(연 4.6%) 그리고 분기배당 SCHD(연 3.3%)에 집중하고 있습니다.

——— 단순하지만 강한 포트폴리오라고 생각한다. 하지만 SCHD의 부족한 배당률과 JEPI의 커버드콜 구조가 맘에 들지 않았다. 미국 배당주에 투자하실 분이라면 개별종목보다는 위 ETF로 하는 것이 좋다고 본다.

in3xb4****

배당주도 손실이 나나요? 흐억.

───── 유독 배당주에 관한 오해들이 있는데 배당주도 결국은 보통 주식과 같은 위험자산일 뿐이다. 손실이 크게 날 수도 있고 배당이 안 나올 수도 있다. 그래서 일반 주식과 같은 상식선에서 투자하여야 한다.

kx1yl1****

최저시급 하급 공무원 5년 차인데 언제 파이어 가능할까요? ㅠ.ㅠ

───── 나도 공기업 9급부터 시작한 흙수저였다. 남들과 다를 바 없이 재테크의 시행착오를 겪으며 50세에 파이어를 했다. 공무원이면 매년 급여인상과 호봉승급이 있고 점차 진급도 하게 되고 급여는 물가 이상 늘어날 것이고 정년도 보장이다. 위험한 투자를 하지 않아도 꾸준히 급여를 아끼고 우량주에 투자하면서 매매차익과 배당수익을 계속 재투자하는 상식선의 재테크 정도면 충분히 파이어 가능한 금액대가 올 것이고 그때 정년까지 다닐지 조기은퇴를 할지 결정하면 되지 않을까? 초반 급여는 적지만 투자를 계획적으로 할 수 있다는 점에서 공무원은 장점이 큰 직업이라고 생각한다.

lr7nh3****

안 팔면 손해 아니잖아요.

────── 안 팔면 손해가 아니라고 생각한다면 반대로 오른 주식도 수익을 실현하지 않으면 이익이 아니다. 실현손익이 아니라 계좌의 평가액을 기준으로 판단해야 매몰 비용의 오류도 막고 장기투자를 할 수 있다고 생각한다.

jaylim****
연금저축이 아닌 이상 일반계좌에서 지수추종 ETF 장기투자는 어렵죠. 저랑 아이 이름으로 연금저축펀드 계좌 개설해서 코스피랑 S&P 적립식으로 투자하고 있고 저는 10년 후에 55세 되면 연금개시할거고 애는 성인되면 계좌 주려고요. 55세에 아이 대학 졸업할 즈음엔 파이어하려고 연금저축 IRP 열심히 넣고 있습니다.

────── 현실적으로 본업으로 바쁜 개인이 할 수 있는 최선의 투자라고 생각한다. 연금저축의 경우 신탁이나 보험보다 펀드의 성과가 가장 훌륭하고, 대표적인 지수 ETF로 투자하면 10년에 2배 정도의 자산 증가를 기대할 수 있다. 절세효과가 우수한 연금저축펀드는 가입하지 않을 이유가 없을 정도로 좋은 상품이다.

yoonsukchan****
연말배당을 주는 종목을 계속 보유하시는 이유가 궁금합니다. 그리고 고점과 저점에서 비중조절 하시나요? 저도 시드만 많으면 배당투자 위주로 포트 짜고 싶어요.

────── 딱히 분기배당이 더 좋다고 생각하진 않고 배당의 경우 오로지 배당률만 비교하고 투자한다. 비중조절은 고점과 저점을 알려고 하기보다는 보유한 배당주의 가격이 올라 배당률이 낮아지는 경우 다른 배당률 높은 종목들로 비중조절을 하고 있다.

user-vc5vn9**
저도 영상 보면서 기업은행 조금 사고 공부하다가 문득 기업은행 차트를 연도별로 보니 우하향 중인 것 같던데 배당주 배당률 높아도 원금이 깨지는 구조니 참고하셔야 될 것 같네요.

────── 주식시장에는 실적과 순이익이 증가하는데도 주가가 오르지 않는 기업들이 있다. 여러 가지 이유가 있겠으나 배당만 꾸준히 나온다면 주가가 계속 하락할 수는 없기에 고배당주 투자자에게는 좋은 장기 투자종목이다. 하지만 매매차익에 비중을 두는 투자자라면 장기저평가주들의 저변동성은 감안해야 한다.

fw1mo2**
안녕하세요. 배린이입니다. 13억 원으로 연 9,000만 원의 현금흐름을 만드셨다는 영상을 보고 배당주에 관해 궁금한 게 두 가지 있습니다. 일반인들이 배당주 세팅으로 퇴직을 하려면 배당주로 세팅한 현금흐름 금액이 유지되도록 적절한 때에 종목을 고르고 바구니에 넣고 빼는 운영을 할 줄 알아야 할 것 같습니다. 지금 당장은 공개한 종목을 그대로 카피해서 똑같은 현금흐름 세팅을 할 수는 있겠지만, 꾸준히 운영할 능력이 없다면 부동산 등 타 분야만 집중하던 사람에게는 그림의 떡 같기도 합니다. 돈이 있어도 이런 특징(주식 특유의 고위험성) 때문에 결국 부동산 쪽으로 발길을 돌리는 사람이 많을 텐데요. 이런 걱정을 최소화하면서 깨지지 않는 현금흐름 금액을 세팅하는 방법이 있는지 궁금합니다. 막연하게는 그런 ETF 조합이 있는지 궁금합니다. 그리고 만에 하나 경제위기가 와서 자본이 반 토막이 나면 현금흐름도 비례해서 줄어드는지 궁금합니다.

───── 단순 복제가 아니라면 추구하는 투자방향이 비슷한 사람들의 포트를 보고 참고하는 것은 좋은 투자아이디어다. 배당주 포트의 경우 종목관리 및 포트 변경을 할 수 있는 어느정도의 기본적인 투자지식만 있으면 충분히 장기적으로 좋은 수익률과 배당수익을 유지할 수 있다.

부동산 등 다른 투자섹터에만 집중해와서 주식시장의 고변동성에 부담이 있다면 고배당계열 ETF를 다양하게 매수하는 것도 좋은 방법이다. 주가와 배당이 정비례하진 않지만 높은 상관성이 있기 때문에 질문대로 경제위기가 와서 주가가 반 토막 난다면 배당도 반 토막 날 공산이 있다. 하지만 경제성장으로 주가가 두 배가 되면 배당도 두 배가 될 가능성이 크기 때문에 부정적인 면만 볼 필요는 없다.

user-dy4sm1**

은행주 궁금한 게 있는데요. 국내기업이잖아요. 인구절벽이라고 하는데 괜찮을까요? 배당금이 계속 잘 나올까요?

──── 저출산으로 인한 인구감소와 고령화 문제는 단순히 은행주에만 영향을 주는 것이 아니라 국내증시와 부동산 등 모든 부분에 있어 중요한 고려사항이다. 종목들에 따라 정부정책의 변화에 따라 저출산 수혜주가 될 수도 있겠으나 아무래도 인구가 감소하는 국가는 투자매력이 없는 것이 사실이다.

jo4iy6****

월 1,000만 원을 위해 자본금이 얼마나 필요한가요? 그리고 노후 은퇴자금은 얼마가 필요할까요?

──── 상당히 많은 사람이 궁금해하시는 전형적인 질문이지만 답은 너무나 간단하다. 5% 배당주를 산다면 20억 원이, 7% 배당주를 산다면 17억 원이 필요하다. 그리고 본인에게 필요한 노후 생활비는 스스로 계산하는 것이 좋다고 생각한다. 내 생활을 모르는 타인이 내 은퇴자금을 정해줄 수가 있을까?

re6lg3****

저와 비슷한 패턴이신 것 같은데 애들 사교육은 어찌 대응하셨나요? 육아나 사교육을 하면 한 사람 월급은 들어가던데

──── 자산증식은 아무래도 외벌이보다 맞벌이가 낫고, 자녀가 많을수록 쉽지 않다. 다자녀 외벌이 가족이 주택과 노후를 대비할 자금까지 모두 마련하는 것은 상당히 힘든 일이다. 가능하다면 맞벌이를 하는 것

이 좋고 소비와 교육도 어느 정도는 포기할 수밖에 없다. 은퇴 시기도 늦춰야 할 것이다. 하지만 금액은 적더라도 투자를 외면하지 말고 꾸준히 하는 것이 맞다고 생각한다.

sonida✱✱✱✱

오와... 국내배당주 투자의 단점을 개선이 될 때의 상승요인으로 해석하시다니 새로운 관점을 배웠네요. 실제로 국내 기업들도 조금씩 조금씩 주주친화적인 정책들을 펼치는 것 보면, 가능성도 충분히 있어 보이구요.

─── 제대로 훈련받는다고 가정하면 자세가 좋은 선수보다 자세가 안 좋은 선수가 훨씬 더 기록을 단축하기 쉽지 않을까? 주주 친화적인 미국의 주식시장이 90점이라면 국내 주식시장의 점수는 50점일지도 모른다. 하지만 내 투자 스타일은 90점 받은 학생이 95점이 되는 것에 투자하기보다 50점짜리 학생이 70점을 받는 것에 투자하는 쪽이다. 국내 장이 영원히 50점일지도 모르지만, 앞으로 점수가 올라갈 여지는 높다고 생각한다.

db8bl9✱✱✱✱

은행주 저점 매수하려고 하다가 못 잡았습니다. 한국에서 은행주는 장기 상승하는 주식 아닙니다. 규제가 심한 관치 산업이어서. 그냥 저점에 사서 묻어두면 7% 정도 배당이 나오니 괜찮다고 보이네요. 고점 부근에서는 팔고.

─── 이론적으로는 좋은 전략이지만 저점매수, 고점매도를 할 수 있

다는 가정하에 세운 방법이다. 개인이 정확한 매매지점을 찾는 것은 결코 쉽지 않다. 그리고 은행주가 과거에 장기 상승하지 않았다고 앞으로도 그럴 것이라 단정하는 것은 좋은 투자 자세가 아니다. 이익이 쌓이다 보면 결국 주가는 오를 수밖에 없다.

w1352★★★★
노후준비를 위해 투자한다면 불확실한 주식으로 배당받는 것보다는 연금상품 가입이 낫지 않을까요?

────── 주식투자도 결국 큰 틀에서는 노후를 위한 자산 마련의 수단인데 그 위험성 때문에 저축형 연금이나 보험 위주로 재테크하는 분들이 많다. 그럼 연금과 배당으로 준비하는 차이점을 알아보자.

먼저 배당주 투자는 매수하는 순간부터 연금처럼 배당을 노릴 수 있지만, 연금은 중도해지 시 원금손실이 발생하며 일정 시점이 되어야 연금을 받을 수 있다. 또 인플레이션에 취약하다. 주택연금의 경우만 보더라도 주택이나 물가의 상승분이 반영되지 않고 있다. 이사도 갈 수 없다. 차라리 주택을 담보로 대출을 얻어서 고배당주에 투자하는 쪽이 좋다고 생각한다.

그리고 상속이나 양도도 어렵다. 좋은 주식은 인플레이션 방어에 좋으며 꾸준히 배당액이 늘어난다는 장점도 있고 환금성도 우수하고 유산으로 물려주는 것도 가능하다.

개인적으로 특히 연금에 부정적인 이유 중 하나는 우선 20여 년 전 가입한 연금저축 상품들의 수익률이 형편없다는 점이다. 사회생활 초년기에 직장인 필수상품이라고 생각하여 사업비 개념 없이 단지 소득공제, 세액공제 혜택을 보고 가입했던 연금저축 상품들이 있었는데 24년이 지나고 평균수익률을 보니 연 2% 정도에 불과했다.

결과적으로 실패한 투자였고 차라리 높은 배당과 시세차익을 배당주를 오랫동안 모으는 쪽이 나았다고 후회하고 있다. 연금을 준비하려면 주식 장기투자의 장점을 고려하여 DB형보다 내가 직접 투자금을 운용할 수 있는 DC형에 가입하는 것을 추천한다.

다른 사람의 주장은
꼭 확인하자

　72 법칙을 알고 있는가? 일정한 수익률이 복리로 계속될 때 원금이 두 배로 불어나는 시간을 구할 수 있는 법칙이다. 방법이 쉬워서 더 유명한지도 모르겠다. 그저 72라는 숫자를 수익률로 나누면 원금이 두 배가 되기까지 걸리는 시간을 알 수 있다. 예를 들어 연 3% 복리 정기예금에 가입하면 24년 후 원금이 두 배가 된다. 금리가 7.2%라면 10년 후 2배가 되고 10%라면 7.2년 후 2배가 된다.

　반대로 원금이 두 배가 되는데 필요한 수익률을 계산할 수도 있다. 5년 후 2배를 원하면 매년 14.4%의 수익률을 올리면 된다. 2만 원의 돈을 14.4% 수익률 상품에 투자했다면 30년 후에는 128만 원이 된다. 만약 25년 전 나의 첫 월급 54만 원이 이런 식으로 잘 불어났다면 지금쯤 2,000만 원이 되어있을 것이다.

　하지만 이 책을 다 읽었다면 이런 법칙을 봤을 때 미심쩍어야 한다.

우선 72 법칙은 어느 때나 쓸 수 있는 정확한 계산일까? 아니다. 연이율 72%라면 다음 해 200%가 아니라 172%가 되어있을 것이고, 연이율 36%라면 2년 후에는 185%가 된다. 복리로 변하는 2차 방정식의 그래프와 1차 방정식의 72 법칙 그래프가 같을 리 없다. 단지 일부 구간에서만 근사치로 접근하는 계산법일 뿐이다.

이런 식으로 얼핏 그럴싸해 보이는 수많은 법칙 중에는 단지 어림계산 수준이거나 오류가 있는 경우가 많다. 한눈에 알아채는 것도 좋지만 투자자라면 무엇이든 직접 계산해보고 확인하는 것이 좋다. 그렇다면 내가 책의 서두에서 말한 2만 원짜리 치킨의 30년 후 기대수익 계산이 기억나는가? 직접 한 번 계산해보시길 권한다. 과연 맞는 계산인지 아니면 내가 무엇을 숨기고 있는지 찾아보자.

'(주)쭈압'의
주주분들께 보내는 서한

돈을 벌어보겠다고 주식을 시작했고, 시황이나 증권사 기업 분석 보고서, 뉴스도 이것저것 보면서 나름 아는 것들도 많아 졌다고 생각했다. 하지만 시간이 갈수록 점점 모르는 것만 늘 어났다. 궁금한 것들에 대해 깊은 답을 얻기는 어려웠고 점점 투자가 무엇인지 명쾌히 설명하는 것도 힘들어졌다. 그나마 알고 있던 것들도 투자에 별 도움이 되지 않았고 이미 겪었던 시행착오들만 계속 반복할 뿐이었다. 결국, 내 공부와 능력의 한계를 통감하고 찾아낸 방법 중에는 다행히 배당주 장기투 자라는 괜찮은 선택지가 있었다.

그동안 주식투자를 해오며 많은 실수를 반복한 평범한 개 미로서 주식투자에 첫발을 내딛는 초보 투자자에게 해줄 말이 있을 것 같았다. 그런 것들을 두서없이 모아 내가 겪었던 실수를 다른 분들은 피했으면 하는 마음, 그리고 공명심과 욕심, 무지한 어리석음이 용기가 되어 감히 이 책을 적어나갔다.

진리와 정답을 추구하지 않아도 충분히 좋은 투자를 할 수 있다고 믿기에 나의 지난 투자 과정에서 내린 결론들을 나름의 방식으로 정리했다. 완성된 원고를 보니 부끄러웠지만 염치를 무릅쓰고 출판까지 하게 되었다. 참고로 책을 읽다 비슷한 내용의 반복을 찾은 분들께 변명하자면, 정말 중요하다고 생각되어 의식적으로 반복해 표현한 것이니 이해를 부탁드린다.

투자도 그렇고 살아가며 절대라는 단어의 힘을 배웠기 때문에 장담할 수는 없지만 앞으로 주식 관련 책은 더 쓰지 말아야겠다고 다짐했다. 수필도 아니고 주식투자에 관한 책을 쓴다는 것이 쉬운 일은 아니었다. 체인지업북스 사장님 왜 저한테 부탁하셨나요? 죄송하고 감사합니다.

이 책을 읽으실 분들의 소중한 시간과 책에 쓰신 돈을 위해 최선을 다했지만, 누군가에게는 100% 만족할 글이 아닐 수 있다. 하지만 이 안에 담은 진심과 실수, 자그마한 팁들을 읽고 안전하고 즐거운 투자로 돈 걱정 없는 멋진 인생에 가까워지시길 바란다. 책을 읽어주신 분들께 다시 한번 감사드린다.

2024년 7월

쭈압 드림

배당투자, 나는 50에 은퇴했다

1판 1쇄 발행 2024년 8월 12일
1판 7쇄 발행 2024년 11월 15일

지은이 쭈압(정영주)
발행인 김형준

책임편집 허양기, 박시현
디자인 최치영
온라인 홍보 허한아
마케팅 성현서

발행처 체인지업북스
출판등록 2021년 1월 5일 제2021-000003호
주소 경기도 고양시 덕양구 원흥동 705, 306
전화 02-6956-8977
팩스 02-6499-8977
이메일 change-up20@naver.com
홈페이지 www.changeuplibro.com

ⓒ 정영주, 2024

ISBN 979-11-91378-57-3(13320)

체인지업북스는 내 삶을 변화시키는 책을 펴냅니다.